JN438124

달에게로 간 鳶

이병석 시집

국립중앙도서관 출판시도서목록(CIP)

달에게로 간 연 : 이병석 시집 / 지은이: 이병석. -- 서울
: 문학공원, 2013
p. ; cm

ISBN 978-89-6577-078-7 03810 : ₩10000

한국 현대시[韓國 現代詩]

811.7-KDC5
895.715-DDC21 CIP2013024639

문학공원 기획시선 5

달에게로 간 鳶

이병석 시집

문학공원

<서시>

이유

먹장구름이 하늘을 찢어내는
천둥번개 속
초원으로 떠났었다

잊은 듯 칠 년
흔들린 영혼은 거기 두고
시에게로 돌아 왔다

너에게 가기 위해
낯설지 않은 눈빛으로
나의 시를 풀어 본다

동지녘 내리는 함박눈의 정성으로
미륵의 발등에서부터
실개울의 사금파리까지라도
그리 안아주고 싶다

그랬다. 나의 시 속에 갇혀 떠난 날이 7년이나 되었다. 다섯 번의 시집을 내면서도 조심스런 맘은 첫 시집에서보다 진하다. 나의 심연을 우리고 영혼을 닦아내어 다시 세상 밖으로 나가면서 이 설렘에 모두가 낯설어하지 말았으면 하면서 시의 등신불이 되길 바라는 마음을 얹는다.

<추천사>

자연을 닮은 이병석 시인

최현근(시인 · 목사)

시詩란 무엇인가? 시인詩人이란 무엇인가?

40여년을 시와 함께 살아왔다고 하면서도 아직 명쾌한 답을 못 얻고 있는 질문이다. 그러면서 "시는 노래겠지?"라고 생각하다가 "아니야, 시는 그림이야."라고 고쳐 생각하곤 한다.

시가 노래요, 그림이면 시인은 가수요, 혹은 화가이리라. 가수이지만 목소리가 아니라 글자로 노래를 부르고, 화가이지만 물감이나 크레파스가 아니라 글자와 마음으로 그림을 그리는 사람이리라.

시와 시인에 대한 정의가 반드시 위와 같지는 않으리라. 하지만 시가 자연과 인생에 대한 노래요, 그림이라는 정의는 이병석 시인에게는 썩 잘 어울리는 설명이라는 생각이 든다.

이병석 시인은 맑은 심성과 여유로운 마음을 가지고 있다. 나이를 먹으면 먹을수록 더욱 여유로워져 세상을 보는 눈에 고집이 없다. 하찮은 풍경을 통해서 긍정의 힘을 보인다.

새벽안개 피는 날이면
밤새 삭힌 고독을 씻으러 냇가에 간다
비도 들이치지 않는 절벽이 있고
눈이 와도 쌓이지 않는 절벽틈새엔
누이가 심던 채송화 같이 작은 꽃들이
물에 잠긴 달을 보며 웃는 꼴이
하도 예뻐 거길 간다
물위로 물이 흐르고 물에 잠긴 물들이
다가와 보(洑)를 넘어 와락 쏟아질 때면
소스라치듯 너를 볼 수 있어 거길 간다
저녁 내내 잠 못 들어
니네 집 문 앞에서 서성이다 돌아온 날
새벽안개가 그리 짙어지고
밤을 헤맨 구름이 떠내려 와 부서질 땐
까만 외로움도 하얗게 부서져 내려
거길 간다

– 「냇가에 간다」 전문

위 시르 보면 인생의 여유와 넉넉함이 느껴진다. 자연 속에 스며들어 자연의 일부가 되는 시인의 마음이 느껴진다.

안개 밭으로 스민 가을 빛 사이
억새꽃 같은 너의 노래를 듣는다
오래오래 지켜 주리라던 약속들
세월에 지고만 지금
풀잎 이슬 같은 눈물을

뚝뚝 떨어트리는
어깨를 보며 미어지는 가슴은
눈물이 너무 뜨겁기 때문이었다
손수건이 아니라 주먹으로 닦아도
가을 안개 속 풀벌레의 노래만은
우리의 몫이었던 시간은 갔다
10월의 석양 사이로 지는 단풍을 따라
용서의 아름다움이 더 느껴지는 요즘
별 하나 세어 보지도 못한다
사랑하는 방법마저 서툴러
마음자리가 헐거워지는 날
손 내밀면 잡을 수 있는 곳도
부를 수 있는 곳도
그대가 있기도 어려우면
가을빛 사이로 멀리 보이는 모습
그대인 줄 알 수 있는 곳이면 된다
강을 건너는구나!
할 수만 있으면 된다

-「가을빛으로」 전문

빛과 안개와 이슬과 눈물 모두가 시인을 통해 생명을 얻는다. 시인 자신이 빛도 되고 안개도 되고 이슬도 되고 있다.

시인은 시를 쓰는 사람이다. 그러나 모두가 좋은 시를 쓰지는 못한다. 이병석 시인은 그 중에서 시를 잘 쓰는 시인이다. 우리는 그림을 잘 그리지 못하지만 아주 잘 그린 그림 앞에 서게 되면 그림에서 쏟아져 나오는 감동을 느끼곤 한다. 나는 이 시인의 시를 볼 때마다 그의 시 속에서 쏟아져 나오는 크고 작은 감동을 몸과 마음으로 느낀다. 그리곤 행복해한다. 이제 이병석 시인이 묶어내는 이 시집을 열면서 많은 사람들이 나와 같은 감동을 느끼길 바란다.

차 례

제3부
빈들을 쓸던 소리

제4부
바람결에 오는 노래

제5부
산으로 간 꽃

제6부
흐르는 계절

제1부

뜰에 서성이는 햇살

가을빛으로

안개밭으로 스민 가을빛 사이
억새꽃 같은 너의 노래를 듣는다
오래오래 지켜 주리라던 약속들
세월에 지고만 지금
풀잎 이슬 같은 눈물을
뚝뚝 떨어뜨리는
어깨를 보며 미어지는 가슴은
눈물이 너무 뜨겁기 때문이다
손수건이 아니라 주먹으로 닦아도
가을 안개 속 풀벌레의 노래만은
우리의 몫이었던 시간은 간다
10월의 석양 사이로 지는 단풍을 따라
용서의 아름다움이 더 느껴지는 요즘
별 하나 세어 보지도 못한다
사랑하는 방법마저 서툴러
마음자리가 헐거워지는 날
손 내밀면 잡을 수 있는 곳도
부를 수 있는 곳도
그대가 있기도 어려우면
가을빛 사이로 멀리 보이는 모습
그대인 줄 알 수 있는 곳이면 된다

강을 건너는구나!
할 수만 있으면 된다

해 먼저 뜨는 집

입동 지난 밤이
꽤나 추웠나 보다
난롯불 피워놓고 커튼을 걷으니
추위 탄 햇살이 난롯가에 둘러앉아
겨울 얘길 건넨다

군밤이 먹고 싶다기에
군밤을 굽고
군고구마도 생각난다기에
고구마를 구워놓니
미니 분수는 팔랑팔랑 물보라로
햇살을 소복이 받아들고 웃는다

빛 고운 찻잔을 내놓으니
차향에 찡긋하는 눈웃음
창가의 꽃잎에 걸터앉은 짓거리로
겨울 햇살은 더 따스한가 보다

겨울 얘기로 말 걸어올 줄도 알고
삭풍에 추웠던 지난밤을 잊었는지
해 먼저 뜨는 집엔

아침마다 참새가 창을 두드리는 이율
추녀에 수정꽃을 보며 삭여본다

해질녘이면 솔바람 사이로 찾아올
직박구리의 모이를 챙겨놓고
이제, 눈 쌓인 아침의 싱그러움을 적셔
먼 곳으로 간 님에게 남은 편지를 써야겠다

거미줄

나동그라졌다
아침 이슬 속 뒤란 창고에 가다
거미줄에 걸렸다
한참을 허공에 대고 허우적거렸다
볼때기를 쓰다듬고 머리카락을 쓸어내렸다
간밤을 푹 자고 난
개운한 아침결 맑은 정신으로
내 앞의 거미줄 하나를 보지 못하고
제 정신이 아닌 꼴이 됐다
내가 잠든 지난 밤 사이
거미가 엮어낸 생업의 역사가
무심한 나의 행보에 무너졌다
늘 그랬듯이 맑으나 흐리나
한 치 앞도 못 보는 무심결에
실랑이는 항상 일어날 수 있다
우연한 인연으로 별것도 아닌 것이 별일을 만든다
항상 똑똑해도 혼자 똑똑하고 실수한다
우리는 안 그래야지 다짐해도
또다시 맞닥뜨리는 나날이다
사노라 나서지 말 일이다
사느라 나대지 말 일이다

거미줄 조심하다 벌에 쏘이는 일 일어날 수도 있다
세월 속에 끼어오는 시절에도
삶에 잔병들은 늘 내 곁에 있다

그 한번도

사는 동안 그 사람에게
한 번도 서운해하지 않았는가
살 붙이고 사는 동안
못 미더웠던 적은 없었는가
피붙이 낳아 키워주는 그 사람을
한 번도 서럽게 한 적은 없었는가
내 부모 모시느라 제 부모 멀리 했던
그 사람을 미워한 적이 한 번도 없었는가
살다가 살다가 사노라 그랬노라며
싫어졌다 헤어진다는 말
한 번이라도 생각한 적도 없었는가
아침마다 도시락반찬 걱정하던 그 사람
초라해진 뒤로 괜한 짓거리 한 적도 없었는가
밤길 늦은 자식 걱정에
발븜발븜 골목길 나가던 그 사람에게
큰소리 낸 적은 한 번도 없었는가
일 때문이라고 고주망태 된 육신을
편한 잠자게 해주던 그 손길을
따뜻하게 잡아준 적 있는가
시부모의 병수발에 헝클어지던
그 사람의 머리 위로

햇빛같이 고마운 말로 감사한 적 얼마나 있었는가
집안일로 걱정에 열심히 기도하던 그 사람보다
간절히 기도한 적은 있기는 있었는가
제 할일이 서로 달라 무심했노라
말만 하지는 않았는가
사노라 살았노라
후회 없이 살았다 그 한 마디를
한 번만이라도 할 수는 있겠는가

인연공덕

\- 용화사에서

오랜 친구처럼
낯설어 하지 않았으면 좋겠습니다

처음엔 다 그런다지만
남에 맘을 덧들이지 않는
고향친구처럼
흙도 흙이 되지 않듯이
그랬으면 좋겠습니다

부처님이 일러 주신
자비심 같이는 다 못해도
싫다 하지만 않아도 반은 되는 것을
그리도 안 되는 게
우리넨가 봅니다

세월만 덧없다 하면
언제 우릴 놓아주기나 하던가요
생전에 공덕을 쌓기란
베푸는 것만이 다가 아니라
눈총 주지 말고 싫다 하지 말아야지
놓아버리지 말아야지

흉허물이 없는 오랜 친구처럼
한 걸음에 달려가진 못해도
잊지 말고 찾아주며
정답게 반겨주는 것도
인연공덕이라 하렵니다

겨울 마중

연탄 한 장을 지고
달동네 비탈길을 오르는
자원봉사대 소녀의 입김으로
골목 안이 환해진다

낯도 보도 못한 이들이
연탄을 지고 우르르 몰려들어도
모두가 반가워 꼬리 흔드는 강아지들
아랫말 큰대문집 개들처럼
사납게 짖어대는 개들이 하나도 없다

해마다 겨울이면 고마움으로 죄송스런
주인에게 보고 배운 대로 사람을 반긴다
까만 연탄이 하얗게 타고나면
더 따스함을 남기는 동네

이리저리 몸 틀고 들어가는 골목 안 쪽방
어깨보다 낮은 추녀에 쌓이는
연탄보다 더 진한 인정으로
하늘같은 세상이 쌓인다

파도의 인연

폭풍에 놀란 바다가
새파랗게 질려있다
치마를 뒤집어쓴 광녀의 몸으로
펄펄 뛰어야했던 간밤의 통곡
멀미난 가슴이 울렁거린다
별 가루 일던 잔잔한 물결사이
폭풍이 끼어든 미력의 인연
갈갈이 찢겨나간 지친 육신을
내 앞에 널어놓듯이 뉘인다
칠흑 밤에 흩어진 별가루의 군무가
수면에 가득 번져나가고
곤한 몸 닦은 바다의 비누거품이
모래톱에 잦아드는 사이
파도와 파도 사이 너를 태워놓고
파도 타는 바람 품에 나를 안긴다
지난밤 악몽의 비바람을 보내고
바다로 돌아온 파도는
폭풍의 언덕이 멀어지는 미련에
고단한 영혼을 띄워 날아오른다

낙엽의 노래

입동 서리에 몸서리치고 일어나
허공 속 틈새로 시간을 가른 낙엽이
긴 머리 소녀의 종아리를 후리고 온
창연한 별가루 바람을 안고 구른다

꽃동네 봄을 따며 땀 흘린
여름의 바람을 일어주고
정자 그늘의 못 다한 사랑 애기처럼
여름을 키우던 친구에게
참말로 곱다곱다 다독여준다

갈대의 계절에 흰 머리 풀고
제 몫을 놓고 가는 낙엽의 노래
수고로웠던 여름의 비 맞은 애기씨처럼
터질 듯한 살내 풍기는 너의 향연

영혼에서 영혼으로 건너가는
미친 정열의 영혼으로
귀향으로 가는 길목에서
넋만 남은 살을 태운다

내 가슴에 장미를 키우겠습니다

장미꽃 한 다발 안겨주고
그대 떠나던 날
통째로 끌어안고 울던
그 때부터 내 가슴에
장미꽃을 키우고 있습니다
가시에 이리저리 생체기 나
핏빛 흥건히 밤이 붉던 그때처럼
울음이 붉게 번져도
아직은 그대 있는 곳 몰라
기별도 안 닿지만
하루를 일 년 같이 늘려 살며
영혼의 장미향이 되는 날까지
키우겠습니다
모든 이가 담아가고 씨가 져도
오직 그대만은 나련이 하고
아실 것 같아서
기다리고 기다리는 향으로 살기 위해
내 모든 피의 정성으로
붉은 장미를 키우겠습니다
혹여 그대가 늦었다 우시는 일이 생겨도
늦지는 않았노라
더 진한 향기를 담아두겠습니다

현관문

늦은 밤 엘리베이터를 내리는데
현관문 잠그는 소리가 크다
멈칫 복도에 섰는데
빗장 잠그는 소리가 또 난다
현관문 밖 복도에서
얻어맞은 듯 걸음을 멈춘다
우리 집일까 옆집일까
알 수 없어 그냥 섰는데
우리 집 현관문이 열린다
기다리던 앞집은 전화가 왔는지
안에서 그렇게 잠갔는데
우리는 밖에서 피곤한 나와
집에서 지친 아내가 마주섰다
문고리를 잡은 아내와 가방을 든 내가
늘 하던 말도 잊은 듯
짧아도 길게 문간에 마주섰다

우리 언제 다시 만날까요

지친 파도가 내게 와 엎드린다
발을 내어 주자 금세 닦아준다
입안을 채워 주던 혀 같다
파도의 속살이 그랬다
손을 잡아본다
심해에서 떠오른 체온을 느낀다
삼천 번의 인연으로 맺는 인연
전생의 복을 빌어 만나는 오늘의 인연
밤새 받아낸 별가루를 내어주는
너의 정성에 내가 운다
건성건성 빈 마음만 안고 온 나는
서로 다른 언어로 말할 수 없어도
마음은 열어 놓을 수 있어
남들이 하찮아 하는 사소함 속으로
태어나기도 전 한생을 빌어
여기서 만나고 간다
풍경소리 쫓아온 바람이듯이
너의 소맷자락을 얼러보고 간다

5월은 그랬으면 좋겠네

5월엔 나로 해서
그대가 힘들지 않았으면 좋겠네

내가 내가 주체할 수 없이 힘들어도
그대가 힘들지 않았으면 좋겠네

시들은 푸성귀 같은 나의 아픔을 나누고자
그대가 슬퍼하지 않았으면 좋겠네

바람 지나듯 하는 나의 무심함으로
그대의 짐이 무거워 지지 않았으면 좋겠네

호수가 졸듯 하는 나의 안일함으로
그대의 일이 어려워지지 않았으면 좋겠네

는개비 내리듯 나의 헤픈 말 한마디에
그대가 허황한 기대를 하지 않았으면 좋겠네

소나기 지나듯 지나 트리는 나의 말 한 마디로
그대가 절망하지 않았으면 좋겠네

나로 해서, 지금의 나로 해서
그대가 힘들지 않았으면 좋겠네

어떤 초보

진남색 수의 깃이 날이 선 채
수인번호가 때 없이 산뜻하다
웅크린 듯 뒷줄에서
고개 숙이고 입도 다물지 못한 눈빛으로
나의 시낭송을 듣는다
제 사연의 무게에 짓눌린
어깨는 빠진 듯 늘어지고
제법 몸에 붙은 푸른 수의들의 뒤에서
마주치는 내 눈길을 피한다
초면인 내게서 언제 만난 적 있을까만은
처음이란 것은 분위기에 익숙지 못하다
설자리를 찾지 못해 눈치를 살핀다

시낭송이 끝나도록 내내
그를 본다

겨울 바다

머나먼 바다를 달려온
땀을 흘리는 파도가
정겹다
피어오르는 운무는
파도의 가슴앓이 열정이리
첫눈 내리는 백사장을
넘어서지 않는 하얀 정
별가루 같은 첫눈을 맞으며
백사장 치맛자락을 쓸어내린다
이고 온 바다 끝 소식을 전한다
저토록 울렁이는 훈훈한 모습에서
세상일이 나뿐이 아니란 것을
혼자만 아파하는 게 아니란 것을 본다
겨울바다의 추운 노을에
시끄럽던 추억을 밀어두며
정을 읽어본다

집 지키는 노인

마누라 기저귀 갈아준 노인
희미한 기억 속으로
자꾸만 얼굴을 들이민다
연기 같은 옛 것들이 날아가기 전
남편 얼굴도 몰라보는 날이 올까
깊어가는 동공 속 그리움을 꺼내준다
덜컥덜컥 겁이나 이름을 연신 불러준다
제일 잘 아는 장모님 얘기만 들려준 게
골백번도 넘었다
일 없이 흐르는 눈물이 마를 새 없고
하얗게 시어버린 콧날의 주름 틈새에
찌든 세월을 닦아준다
때 없이 먹을거리 찾아대더니
땟거리 걱정도 모르고 입도 안 댄다
고집통에 한숨 부어 쏟아버린 죽그릇
여린 마음이 뭉텅뭉텅 미어진다
이러다 당신가면 무서워 못 산다고
맨날맨날 들려주던 그 노래
구성진 가사가 일없이 늘더니
그믐달 지는 골목길 오가는 이도 없는데
한숨이 나는 줄도 모르고 내려다본다

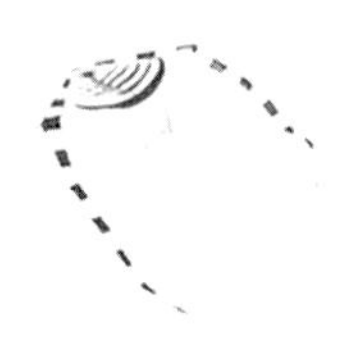

제2부

숲에 이는 바람

힘들다

너를 나보다 앞세워 주고파도
나를 앞세우고 있다
믿음으로 이뤄지는 신앙심이 종교지만
믿음보다 궁금한 게 더 많다
산다는 건 베풂으로 사랑해야 하지만
내 것으로 하고 싶은 소유욕이 늘 앞선다
남과 더불어 사는 것이 인생이지만
이기고 싶은 맘이 앞선다
신의 뜻을 모르는 사람들이
미워하고 공격적이면서
세상을 모질다 핑계대고 있다
신들은 증오와 폭력을 가르치지 않으며
용서와 베풂으로 사랑을 가르쳐도
우리는 내가 먼저이고 싶다
욕심의 행복 추구가
시기와 미움으로 뒤범벅이 되어
복 보다는 허물의 굴레에서
자신의 삶을 힘들게 끌고 간다

그 사람

- 충주에서

강릉집 위층에 무시로 모여
하얀 돌 까만 돌 딸그락거리며 살다
세월에 덕켕이가 하얗게 앉으면
바래버리는 음성에 쭈그러들까

걱정에 걱정으로 태산이던 이
세월을 놓치면 늙는다고
때 없이 뛰고 달리더니
세월을 불러 세울 만큼 빨라지신 그 사람

지나가는 어제는 그대로 두고
아직 아닌 내일은 그리 믿으며
오늘만 오늘만 하며 살면
저 사람만 못 할게 없다던 그 사람

달보다 환하게 큰 얼굴로 사는 사람
가끔은 이따금씩 문자 주는 사람
잊으며 살며 기대 속에 산다던 그 사람

는개비 내리듯 하는 세월 속이라도
꼭 꼭 오늘만큼만 사시구려
그 말만은 하렵니다

친구라는 이름으로

만난 지 아득해도
지워지지 않는 이름
희미해지지 않는 얼굴

얼마나 늙었을까
놓친 세월 따라 잡아놓고
술이나 실컷 먹여볼까

술독에 고꾸라진 세월에 올라타고
늙지 않은 내 친구 내놓으라 할까

길이 멀다 움직일 수 없는 이들
안부도 못하고 산 날들
사노라 그랬노라 하면 되는 걸

너의 얼굴 잊지는 않았다 하며
지나는 세월 잡아놓고
술이나 한바탕 먹여봐야겠구나

다는 말고 더도 말고
꼭 필요한 그 사람
너 하나면 되는 걸

이 세월 저 세월 지난 세월
달아난 모리배는 아니니
이리저리 놀아줄 수는 있는 거다

잠벌레

베개 밑에는
잠벌레가 산다
서러운 잠 끌어안고 자는데
오늘도 갉아먹어 온다

마-악 들려던 잠이 수런거리기 시작한다
이리궁리 저리궁리
별의별 생각을 다 해보지만
오늘 밤도 죄다 뺏기면 또 하얀 밤이다

베개를 끌어안고 모로 눕고 바로 눕고
달래보고 용을 쓴다
소용없는 일인 줄 알면서도
어제 밤 하든대로 헛짓거릴 해댄다

육신이나 편하자고 게으름 핀 영혼으론
잠벌레 하나를 이기지도 못 하면서
도대체 잠벌레는 누가 퍼뜨렸는지
까만 원망을 해본다

길고 긴 겨울밤 잠벌레가
새까맣게 부화하는
오늘도 애저녁에 수틀린 밤이다

이방인과 토박이

떠나온 사람은 서러워도
돌아갈 곳이 있다
낯선 사람에 부대껴도
두고 온 사람이 있어 다짐하며 산다

이방인은 이방인끼리도
할퀴고 다독이며 살기도하지만
그 틈에 이도저도 아닌 토박이들이 있어
더 많은 이방인으로 소란스런 요즘

주소도 옮기고 본적도 옮긴 이방인 속에서
이방인처럼 사는 토박이들이 있다
이방인들의 끼리끼리 친목모임엔 들지도 못해
초등학교 동창회가 전부인 토박이들

이웃이 모두 낯설어진 고향에서 살아도
바깥마당도 꽃밭도 없어지고
고향도 아닌 것 같아
우리 동네란 말도 하지 않는다

반가운 이 만나도 아파트 이름만 일러주고
문자메시지는 연신 보내도
편지 쓴지가 언제던가
보내봤자 되돌아오는 편지들의 무소식

잔칫집 마당가에 국수 먹고 콩나물에 막걸리로
거나한 하루해가 짧던 날들 이젠 없고
이웃집 초상나도 같이 서러웠던 눈물도 없이
이래저래 토박이가 더부룩하다

나는 당신에게

그대의 구두끈이었으면 합니다
아침 이슬 속 들길을 달려 나가는
그대의 발등에 함박 붙은 가을 풀씨처럼
그대의 발등을 꼭 다물고 싶습니다
몇 번이고 뒤창을 갈아내도
끌러버리지 않는 끈이고 싶습니다
그러다 해가 바뀌는 어느 날
헐렁해진 구두 벗어버리는 날이 오면
그대의 향기 하나만 갖고
버려져도 좋은 날로 같이 하겠습니다
내 코가 다 빠져 올올이 풀리는 날
그래도 그대와 같이 했던 많은 날을
다 기억하겠습니다
새벽차 타는 날이나 막차 타는 날이나
내 뺨에 구두약 칠해지던 시간들
사랑이 젖어들던 기쁨으로 간직하겠습니다
옹골차지 못한 내 육신 쉽게 풀어지던 날
뒷굽을 탁탁 구르면서도 매어주시던
손길이 눈물겨워 진흙창이 튀던 날도
잊을 수 있는 날이 더 많아
언제나 그대의 구두끈이고만 싶습니다

천리 먼 길을 가는
그대의 고단함을 삼키며 가고만 싶은
그런 끈이고만 싶습니다

장날

싸릿가지처럼 바싹 마른바람이
국밥집 안으로 달려든다
퀴퀴한 천장의 전등을 흔들어
조는 불빛을 쏟아낼 때
뒤따라 들어온 햇살이 까칠한 몸으로
국밥 사이 뒹구는 식탁
나이보다 하얀 머리의 할멈
소리치는 손사래에 현관문이 닫히고
문틈에 꼬리 끊긴 바람의
고통소리에 양재기가 구른다
영혼의 살갗에 가시가 박히는 순간
늙은 귀신이 곡하는 소리가 나고
옛날 맛을 잃은 막걸리에
겉늙은 노숙자의 시래기 같은 등허리는
그 날의 누더기보다 초라하다
마른 나물 팔던 적삼 올이 풀린 정나미
땟국 절은 양복떼기엔 낄 곳 없어
한숨 빠진 세월만 잘잘 흐르고
다리 저는 영혼에 발목 잡힌 그림자
겨울 장터의 난봉 난 바람에 비워지고
사괘 풀린 노인의 동공엔 빈 바람만 찬다

나의 기도

하루를 접고 또 하루를 열 때마다
좋은 인연 만나기를 바라지 말고
좋은 인연 짓는 일로 다 하게 하여주시고
나의 바램으로 기도하는 일보다
베풂으로 더 많은 나를 쏟을 수 있게 하여주시고
아픔을 참아내다 가슴에 응어리지게 하지 마시고
쉽게 아파하고 쉽게 잊을 줄 아는 빈 마음을 주시고
높은 곳으로 꿈을 올려 힘에 겨워 실망하는 일 없이
늘 자신을 잊지 않고 삶에 감사하는 마음을 주시고
먼 곳을 그리워하다 안타까워지는 일 없이
이웃에게로 먼저가 살필 수 있는 여유를 주시고
가슴에 화가 들어차 이웃이 떠나는 일 없게 하여주시고
마음에 미움이 들어 찾아오는 이가 적어지는
고독한 삶에 빠지지 않게 하여주시고
저로 하여금 더 많은 사람이 편안해지는
그런 일들이 많게 하는 자애로움을 주시고
저의 삶을 사는 동안 꿈결이건 생시건
세상에 흔적을 남기고자 하는 일 없게 하여주시고
더불어 사는 삶 속에 어느 하나의 기억에서라도
잊혀가는 그런 사람이고만 싶습니다

속내

발그레하게 웃던 입가엔
담배연기가 서려나오고
해맑던 눈가엔
무던히도 슬픔이 깊다

아픔이 들춰지는 현실을 감추려는 듯
흔들리는 동공이 꽤나 수다스럽지만
우러나는 그림자는 긴 머리만큼 진하다

세월을 이고 시 쓰며 산다더니
베어져나간 속앓이가 자명고처럼 울린다
소녀 같던 긴 머릿결엔
무거운 시간들이 켜켜이 쌓여
찐득거린다

희미한 전구가 밤을 흔들고
외로움이 술잔에 번들거리는 사이
자지러지게 웃던 그녀가
그만, 눈물을 찔끔 보였다

난로 옆에서

타오르는 불꽃을 보는 무념의 시간
너의 모습에 꿈결만 같고
불꽃이 튀는 소릴 듣다보면
잊었던 가슴이 쿵쾅거린다

불꽃이 사그라지기 전 장작을 넣어주고
너의 모습 사이로 불의 꿈을 읽으며
얼었던 몸 따뜻하게 녹아들면
상념을 태워버린 고독의 시간도 멀어진다

내게도 장작을 넣어주었으면 하는
기다림의 시간으로 빠져들고
태울 수 있기만 하면 되는
영혼의 불을 태우고 싶다

하얀 영혼으로
너의 영혼을 열어
불의 꿈으로 꼬아낸
시간을 엮어보고 싶다

돌이 된다

송재라 쓴 돌과
집이 조용한 김에
눈쌈이 진하다

발을 내 놓고라도
슬픈 모가지를 싸매야 잠든다는
그 형의 꾸부정한 등허리를 타고 흔든다

휘청거린 영혼은 이마를 깨며
돌 속을 들어가
돌이 나고 내가 돌이 된다

넋 나간 가슴에 품어 본다
돌에서 돌이 까 나올 때를
보고 싶다

보고 싶어
돌 울음소리 듣고 싶어
나를 내어 돌을 덥힌다

돌이 된 나를
돌이 덮힌다
하나로 돌이 된다

너 하나 있어

긴 추위가 풀린 날
양지쪽 창가에 앉아 손톱을 깎다가
어머님 말씀이 생각이 난다
손톱이 다 닳아 깎을게 없으시다면서
늙으면 왜 손톱마저 쪼글쪼글 헤지고 갈라지는지
이것저것 서러운 것뿐이라 하시던 눈빛
너 하나 있어 산 날들이 길었다는
깊은 말씀 흐르는 뒤로
어려선 등잔불 밑에서
가위로 깎다가 야단도 맞으셨단다
그 때 사람들은 먹는 건 부실해도
손톱 하난 두꺼웠단다
일을 많이 해서 그런지
일 많이 하기 좋게 그런 건진 몰라도
가위로 깎기가 어렵도록 두껍다시던
말씀이 옆 애기같이 들려오고
손톱이 얇아 갈라지는 요즘
겨울 하늘은 그때 같이 또 파랗다

복 짓는 일
-용화사에서

누구나 평생의 복을 받고 태어난다
하루를 살면 하루만큼의 복을 감하며 산 것이며
한 번의 부질없음은 또 하나의 복을 스스로 감한다
태어날 때 받은 복을 지키기 위해선
늘 복을 지으며 살아야 일생이 평안 하다
수명이 다하는 날 지은 복이 많아 남아도는 만큼은
다음 생에서 받을 복에 더해서 받기에 귀하게 태어나서
영화롭게 복스럽게 살아가게 된다
일생 동안 복을 다 쓰고 지은 복도 없는 사람은
다음 생에서 도둑질을 하거나 얻어먹고 살아야 한다
일생을 살면서 제복을 차고 감한 사람은
사는 동안도 복이 모자라 부모 복이나 이웃의 복으로
살았으므로 다음 생에서 그 빌려 쓴 복을
다 갚아야하는 축생으로 태어나게 된다
축생이 되어서도 다 갚지 못하면
아귀가 되어 윤회의 복마저 받지 못한다

사금 캐는 이

가슴까지 장화에 들어가
몽당비로 개울바닥을 쓸면
홀어미의 기침 소리도 잊을 수 있다
아궁이 불 지피다 치마 태운 외동딸
눈물 속 달아난 아내
오락가락 하는 꼴
묻어 둘 수 있다
진종일 물소리에 모래를 일다
눈곱만한 금가루 하나 얻으면
동지섣달 추위 속
성큼성큼 설날은 오고
해수병 중늙은이 눈가에
싸락눈도 금붙이네

49제

삼일절날 오午시 맑은 바람
자비전을 나온 스님
햇빛 이고 법당 마당을 도는데
목탁소리가 깊어지고 우러난다

영정을 안아든 까만 상주 뒤로
바구니에 흰 고무신 바쳐 든 어린 상제 따르고
찔레꽃처럼 슬픈 하얀 치마저고리들
울음이 어깨로 숨을 고른다

돌고 도는 맴돌이는 중심을 향하고
향 사르고 소각하는 아지랑이 뒤로
칠보산 숲에 들어 우는 소리
그냥 바람 소리련 하다가
당신이련 하며 끄덕여 봅니다

이승의 연으로 나선 저승길
일곱 문 49일 가시는 길이
두렵고 두려워도 용화사 인연으로
훠이훠이 양지녘 민들레 같이
그리만 다녀 오소소

세숫대야

한 무릎에 다가온 손주들 돌잔치에
할미 노릇한다며 패물 사러가는 당신
따라나섰던 금강당 아주머니 말이 생각납니다
어쩜 둘이 그렇게도 닮았냐고
가끔은 이 앞을 지나갈 때
저런 사람들은 자식을 어떻게 낳았을까
얼마나 예쁠까 보고 싶었다던 말까지
문득 생각나서 세숫대야에 물 받아놓고 들여다봅니다
한참을 들여다보다가 얼마나 지났을까
당신이 보입니다
당신의 눈길을 따라가 보고
당신의 입맛을 따라 마셔봅니다
그러다 당신의 냄새를 맘껏 들이마십니다
세숫대야엔 당신이 꽉 차서 아무 세상도 보이질 않습니다
그리곤 내가 덩달아 떠다닙니다
아! 정말 닮았구나
우리는 닮았구나
같은걸 먹을 때도 마주 보고
같은 애기를 할 때도 같이 웃고
늘 옆에서 흉도 따라 보더니
아프면 얼마나 아프냐고

힘들면 그래서 어떠하냐고
근심도 같이 하던 말들에
정말 같아졌나봅니다
얼굴도 닮았지만 마음이 더 닮았네요
세숫대야 물같이 정갈해야 보이는
마음이 닮았네요
가지런히 기도하는 마음이 정말 닮았네요

풍경소리

산문 밖 실개울에
마지막 고드름의 발이 시리다
물에 담긴 하얀 발을
들었다 놨다 하는 사이
버들강아지들이 폈다
어느 애는 머리를 감고
어느 녀석은 발장단 칠 때
풍경소리 내려왔다
가는 곧에 대고
관세음보살
오는 쪽을 열어
관 세 음 보 살

제3부

빈들을 쓸던 소리

하늘 도시

이국 멀리 고산지대에 옛적에 생겼다는
기기묘묘한 좁다란 바윗길 끝
새집 모양으로 틀어 앉은 하늘도시
천년의 역사로 들어가 하룻밤 유한다고
우리 땅 골골에서 몰려간 사람들
운봉사 정과사 개공사 두루 들려
부처님 등신불 개자추
제 얼굴 생긴 대로 생각을 내어
눈 열어 친견하는 인연으로
천 년 만 년 사시는 모습을 뵙는다
사바세계 살붙이들 어여삐 살게 하려
서두르고 조리며 살다 찌든 맘
내 것 네 것 모두 꺼내
천길 절벽아래 운무 속
바람이나 물어가라 던져버리고
맑은 인연이나 새록새록
맺고 가는 하늘도시

그늘

나는 그늘이 든 사람을 좋아한다
가슴에 그늘이 든 사람이 더 따듯하다
그늘의 크기만큼 슬픔이 많고
슬픔이 많기에 모질지 않다
그늘로 인해 서늘해지는 마음을
덥혀 내느라 애를 쓰고
더워진 마음으로 다가가기 때문이다
그늘은 그늘로써 그늘이 아니라
그늘을 그늘로써 사랑을 만든다
내 그늘에 그들의 그늘을 덮으면
사랑이 되기 때문이다

그늘진 쪽방

한해가 가도록 해 든 적 없는 곳
피붙이 살붙이 다 놓아주고
편지도 오지 않는 도시 속 그늘진 동공

굶어야 견디는 사람들이
제 몸 추스를 기운 없이
약값이 떨어지고 찾아가는 곳

명절이 돌아와도 갈 곳도
찾아오는 발걸음도 없이
자선냄비를 보며 한해를 접는 곳

자나 깨나 보고 싶은 사람 하나
오나오나 하다 날 저물고
잠 못 들고 뒤척이다 지새는 밤

밥 먹는 시늉이라도 하려
간간이 빈 그릇 긁는 소리가 나고
허리 끊던 기침 소리마저 끊긴 곳

산 같고 절벽 같은 아파트
엉겁결에 헐려도 햇살 들 일도 없이
세월을 잃은 사람이 견디는 곳

옆 칸에서 앓던 사람이 죽어나가도
아무 소리도 안 나는
뒷동산에 무연묘보다 좁은 곳

한숨의 말소리가 필요한
한 줌의 기도가 필요한
기다리느라 사는 사람들의 집

* 마지못해 산다는 사람들이 있다. 찾는 이도 없는 풀섶에 웅크린 몰골의 무연묘보다도 좁은 공간에서 삶의 자존심을 지키려 끼니만 되면 밥 먹는 시늉이라도 하는 빈 그릇 긁는 소리가 간간이 나는 곳을 우리는 들여다봐야 한다. 그리고 성한 사람이 먼저 가서 베풀어야 한다. 어려운 경제 속에서 나눔이 보람인 세상을 다듬어 나가야 마지못해 사는 사람들의 기다림에도 낙이 될 수 있기에 말이다.

꽁초

잘근잘근 씹히는 치욕에
근친상간의 몸으로
채 태워 보지도 못한 몸

흠뻑흠뻑 연기만 들이마신 꿀
밑동이든 아니면 꼭지든
손가락에 깍지 끼어 불을 먹은 몸

재티 범벅의 재떨이 속을 나란히 누워 돈다
대형 참사현장의 휘장 친 주검을 흉내내며
타는 것도 죽는 것도 제 것이 아니다

다시 듣는 꽁초란 이름으로
전혀 제 뜻이 아닌 최후의 전장에서
터져버린 병사의 철모가 뒹굴듯이

한 줌의 피도 흔적 없이
기다란 피울음도 절규도
어머니의 잔영 속엔 정화수도 없다

죽어야 받는 새 이름
그럴듯한 부활도 없는
저도 모르는 선택의 서러운 최후였다

찢어진 철모

빨갛게 녹슨 철조망 넘어
깨져 나동그라진 철모
어찌 됐을까
그 사람

녹슨 가슴 열어젖히고
유월의 햇살에 아픔 말리는
닥지닥지 눌어붙은 녹껍질 속
그 피는 아직도 흐르고

포성보다 크던 절규 속
아련한 조국 넘어
어머니도 잊고 내달린 젊음
찢기어도 남은 철모의 붉은 함성

지뢰밭 철조망 사이를 지나
저승엔 갔을까
누구의 이름으로
누구의 기도로

낮과 밤

우리는 저도 모르는 미래를 안고 산다
세월이 안겨주는 대로 순응하는 삶 속
영혼이 육신과 함께하는 낮의 세상과
육신을 두고 영혼이 떠나갔다 오는 밤의 세상
우리는 꿈이란 말로 꿈같은 얘길한다
분명 다녀오고도 모르는 어디쯤의 세상
구천은 잡귀가 많아 아니고
저승은 너무 멀어 혼자 못가는 길
밤이면 뒤척이다 저 모르게 다녀오는
구천과 저승의 중간쯤일 꿈의 세상
살아온 세상은 잊고
살아갈 세상은 모르고
꿈같은 5차원 밖의 우리 세상
그래서 우린 꿈이 있다
복이라는 희망을 찾아 다녀온다

냇가에 간다

새벽안개 피는 날이면
밤새 삭힌 고독을 씻으러 냇가에 간다
비도 들이치지 않는 절벽이 있고
눈이 와도 쌓이지 않는 절벽틈새엔
누이가 심던 채송화 같이 작은 꽃들이
물에 잠긴 달을 보며 웃는 꼴이
하도 예뻐 거길 간다
물위로 물이 흐르고 물에 잠긴 물들이
다가와 보洑를 넘어 와락 쏟아질 때면
소스라치듯 너를 볼 수 있어 거길 간다
저녁 내내 잠 못 들어
너희 집 문 앞에서 서성이다 돌아온 날
새벽안개가 그리 짙어지고
밤을 헤맨 구름이 떠내려 와 부서질 땐
까만 외로움도 하얗게 부서져내려
거길 간다

움직이는 허수아비

산 절벽아래 계곡 다랑치 밭에
고개 숙인 조밭을 지키는
허수아비들
온 동네가 나와 섰는데
메뚜기 잡는 아이들
샛길을 가만가만 걷는다
얼듯 보면 모두 허수아비 같고
다시 보면 제다 사람 같은데
팔 벌린 건 허수아비요
봉지 든 건 아이들이다
저 속에 끼어들어
한바탕 놀아보면
저절로 놀아지겠지
시간이야 보내두고라도
그런대로 살겠지

너

새 하얀 겨울 목에 두르고
새벽 장터의 국밥 먹던 너
첫 술에 목이 메더니
네 어미가 꾸어간 돈
꼭 갚겠다며 다짐하던 20년 전 너

세월의 무게에 짓눌려 살며
눈물방울 차마 떨어뜨리지 못하는
너의 슬픈 인내를 보며
아직도 너라 할 수 없는
나를 태운다

세상일은 살아봐야 알 약속
이기지 못하고
부질없는 말인 양 공염불로
불면의 밤 들쑤석인다는 너

철부지적 친구 앞에
나서기도 어려워 숨은 듯 산다는 너
모른 체 못하고 소식은 들으니
네 속 타고 내 속 탄다

단동

달이 지켜보는데
한 무리의 바람이 다리를 건넌다
이편에서 저편까지
한 걸음이면 족한 길을
나는 오도 가도 못한다

강물의 빙판보다
더 얼어붙은 미움들이
덜거덕 대는 동토의 땅
하염없이 봄을 기다린다

철길로 찻길로 달려 갈 길을
배 타고 밤새워 돌아 온 여기
말도 맘도 다른 남의 나라에서
너 사는 곳 갈 수 없구나

소리칠 수 없어
안부 할 수 없어
발 구르다 돌아서야 하는
빈자리에 마음 띄운다

등신불

– 정과사에서

날짐승도 범접키 어려운
깎아지른 절벽 틈새에
새집 모양 틀어 앉은 정과사
온기 없고 빛도 안 드는 석굴
영험하신 부처님 법 따르려
찾아드신 임들이시여
사바세계 피붙이 인연 끊고
곡기도 끊으셨다네
생살에 피 마르는 소리 독경 삼아
관절을 굳혀낸 무아의 수도승
그 큰 뜻 예서 이루시었네
영혼은 부처님 세계에 드시고
쓰다 남은 선한 육신 남기셨으니
세상에 남은 고승들이 천명인양
진흙 앙금 고이고이 받아내어
일심으로 공들이고 치성드리며
생전에 모습대로 바르고 발랐다네
선한 모습 참한 모습 웃는 모습까지
천년만년 나투시었으니
영롱하고 영험하시라
우리들은 임에 법 따르기 어려워도

열두 분 등신불 이제 뵙고
고귀한 그 큰 뜻 살펴 갑니다

문턱까지 다녀온 사람

삼십만 명이 팠다는 북경의 이화원 호숫가
그 옛날의 영화가 낡아버린 황후의 침실을
유심히도 들여다보던 사내가
뒤란 추녀 밑 댓돌에 털푸덕 앉아
자신이 죽었던 얘기를 한다

TV에서나 보던 하얀 얼굴에 까만 도포를 입은
저승사자 손에 끌려갔었단다
어딘지도 분간할 수 없는
어두컴컴한 갯벌 길을
질퍽이며 하염없이 갔는데
다시 강을 건넌다며
조각배를 타려는 순간
갑자기 두려움이 덮쳐들어
하얀 손을 뿌리치며
무릎 꿇고 싹싹 빌기도 하고
마구 울어대며 애원하는데
따스한 손길에 붙들려 꼼짝 못하다
눈을 번쩍 떴는데
엄청 큰 형의 얼굴이 코앞에 있더란다
조금씩 손을 움직이는 것 같아

형이 들여다보며 흔들고 깨웠더란다
그것이 7일 만에 눈을 뜬 것이고

교통사고를 당해서 병원에 입원하고
살아날 가망 없는 뇌사상태라고 포기하라던
의사가 포기하게 된 기적이었더란다

그리고 3개월 만에 퇴원하고
또 3개월 만에 여기 여행을 왔단다

설거지

출가한 자식들이 손주들을 데리고 왔다
저녁 늦게 돌아갔다
훌쩍 불어난 식구들이 북적이던 웃음과
수다스런 얘기들을 풀어놓은 줄 알았는데
손주들이 쓸어가고 휑함만을 남겨놨다
적막하리만치 조용해진 빈집인 듯
몇 개의 방에 불이 꺼지고 커튼이 처져도
잠이 쉽게 들 것 같지 않다
음식을 비워낸 그릇들을 설거지 하여
다시 새 그릇으로 쓰듯이
지지고 볶던 상념의 시간을
함박웃음의 행복으로 설거지하자
묵은 마음이 깨끗해진다
시시때때로 때 끼고 뭉그러진 시간을
모두 꺼내 설거지할 수 있다면
새사람이겠다
천년만년 두루 쓸 새사람이겠다

복 받는 법칙

순한 사람은
알고도 속고 모르고도 속으며
더러더러 손해를 보며 산다
천성인 듯 웃는 버릇에 정이 깊어
남들은 착하다고 한다
그래서 손해 본 만치
신이 채워주신다
쓰다쓰다 남도록 주신다
남들은 복 받는다고 한다
성깔이 까칠한 사람은
제 앞가림만 한다
남들은 저만 안다고 한다
참으로 힘들게도 산다 한다
신께서도 제가 저를 챙기는 사람은
도와줄 일이 없다
예전 세상 지금 세상 지내는 길
보고 알고 들어 아는 세상일
알기는 모두가 알아도
쉬운 일이 더 어렵다
세월이 가다가다 저절로 가다
덜컹대는 이유다

산으로 가는 길

동지섣달 찬바람이 매화를 피우고
살랑살랑 훈풍에 그 꽃 집니다
해는 서산이 삼켰는데
동녘 산이 아침을 열듯이
가끔은 길을 가다가도
궁금해 돌아설 때가 있습니다
창가에 찾아온 작은 새 소리를
옛날 애기처럼 좋아하다만
그 사람을 생각하기도 합니다
가끔은 또 그러다 맙니다
나 때문에 그리 빠져들다가
죽어도 못 잊을 일들을
나처럼 일 없이 잊어버립니다
엎친 데 덮치는 시련이 있어
구차해서 싫었던 나날들을
나목처럼 견뎌왔습니다
잊은 듯 사신다는 애기에
혹시 당신이 못 잊어 하실까 해서
저물녘 당신을 거기 두고
석양이 흐려지면 집으로 가듯이
산이 됩니다
그냥 산이 됩니다

양지의 그늘

그림자도 사랑할 수 있다는
뜨거움이 있는 세상이다

아침이 어서 오기를
기다리는 사람이 있고
아예 오지 않았으면 하고
맘 졸이는 사람도 있다

침대 맡에 시를 쓰려고
만년필에 잉크를 넣어 두는 시간에도
온기 없는 퀴퀴한 찬방에 엎드려
몽당연필로 써내려가는 사람도 있다

별도 없는 서울 하늘의 옥탑방이 싫다고
콱콱 막힌 지하방으로 내려간
사람이 있는 곳엔
가로등 불빛도 엇비슷하다

골목을 쓸며 지나는 바람 위로
시인이 남기고 간 말처럼
건너다보고 들여다봐야한다
어금니처럼 맞물린 양지 속 그늘

눈사람이 운다

가는 세월
부여잡고
눈사람이 운다

제 눈물에
가슴이 다 패이도록
진종일 서서 운다

얼싸안고 놀아주던
그 사람
발걸음도 않는다고

한 대 잠에 늙도 못해
서럽던 세월 세워 놓고
푸른 별 울음으로 운다

제4부

바람결에 오는 노래

환갑

저마다의 평균 수명이 늘었다 해서 그런지
환갑이 지나도 애늙은이라는 시대이지만
분명한건 인생의 변환점을 돌아섰다는 것이다
세월을 자꾸만 생각하게 되면서도
마땅히 쓸 시간이 없어
그나마 남아도는 시간으로
울컥이는 외로움을 느끼게 된다
혼자라는 생각을 자주 하게 되고
이름을 잊어버린 사람이 늘어가고
기다려 주지도 찾지도 않는 사람들 틈에서
집에 있는 시간이 늘어나면서
공연히 전화를 걸고 싶어지기도 한다
아침나절이 길어지고
오후가 금방 가는 빠른 시간을
진작부터 시간을 아껴 쓰는 법을
배워두지 못했다
밤늦도록 더 올 사람도 없는 집에서
모두 출가하고 없는 애들을
예전처럼 기다린다
문 잠그는 일조차 바꾸지 못하고
자정이 다 돼 잠그면서

휑하고 허전하다
각자 방 하나씩을 차지하고
산 날들이 너무 익숙해 더 허전하고
내가 나를 붙잡아매는 것 같아
내게 미안하다

광풍

별의별일이 다 일어나는 세상이라지만
바싹 마른 모래가 바람에 몰려가며
흙바람 속인 줄도 모르며 가듯이

시련이 휘몰아치는 세월에 밀려
많은 사람이 떠났어도
세상은 한 번도 그대를 버리지 않았습니다

힘들어 지친 몸 저미고 누워
외로움에 진저리치던 날이 있었기에
혼자이던 그대가 그대를 마주할 수 있습니다

울창한 숲을 다 뽑아버릴 것 같던 광풍도
조용히 자는 날이 더 많듯이
시련은 시련을 견딘 사람에게만
보람으로 남습니다

우리는 짧은 시간에도 사랑을 합니다
아등바등 살던 긴 시간보다도
더 많이 사랑을 합니다

폭풍의 언덕에도 꽃이 피고
그대에겐 그대의 세상이
남보다 조금 다르게 있을 뿐입니다

그분

그분은
가로수 그늘 밑 알루미늄부스 안에
웅크리고 앉아 구두를 수선한다
천성이 착해서 말이 적은지 알았더니
아예 말을 못 한단다
평생을 남의 흉을 보지 않고
남에 말 옮기지도 않고
예쁜 발 못난 발 가리지 않고
일그러지고 닳아빠진 헌 구두를
튼튼하고 편안한 구두로 만든다
세월의 딱지가 앉은 투박한 손으로
나쁜 사람 좋은 사람 가리지도 않고
머리 숙여 코를 박고 수선하는 동안
가족도 생각 않고 하느님도 잃어버린다
깊은 밤 기도할 때의 간절함 같이
끌어안은 헌 구두에 정성을 들인다
꿰매고 붙이고 두드려서
광이 나는 새 구두를 내미는
시커먼 구두약 천지의 손으로
합장하고 수고비를 받는다
때로는 단골손님으로 들락거리는 이에게

밝은 눈인사도 하지만 대부분은 생면부지의 사람들이
내미는 헌 구두를 먼지 털고 광을 내어
새 마음을 만들어준다
평생을 헌 구두만을 위하여
탁한 발냄새 속에서 살아가는
그분 같이만 살면
그토록 꿈꾸는 세상이 멀지는 않다

파도는 왜 뭍으로 오는가

우리가 태어나기 훨씬 전
아득한 옛날 그 물난리에
파도는 돌림병을 앓았다지

그 통에 잃은 자식들 바다에 못 묻고
돌림병 또 올까 하도 무서워
멀리멀리 뭍에 묻어두고
파랗게 질린 가슴 안고 살면서
그 때부터 자나 깨나 뭍으로 온다지

바람 부는 날이면 추위타는 자식들 걱정에
펄펄 뛰며 온다지 그리 온다지
자식은 갈매기 되어 바다만 맴도는데
그제나 이제나 뭍으로 온다지

모래밭이고 갯바위고 가릴 것 없이
자식인양 안아주고 쓰다듬다 눈물 쏟다가
바다 손에 이끌려 멀리멀리 갈 때는
갯벌에 제 모습 그려놓고 간다지

패어나간 가슴 모양
눈물로 그려 놓는다지

옹달샘

노루가 먹던 샘가에 새들이 물어다 논
애기들 한 조롱박 담아 너에게 주고만 싶다
눈가에 이슬다 참지 못해 끝내 보이고 뛰어가든
너의 허리춤에 달아 주고만 싶다
사랑이 뭔지 알기도 전에
떠나야 했던 아픔이 사랑보다 클까 해서
지나는 바람결에
너의 머릿내 같은 사랑을 띄워주고
저 산 넘어 온 산새들의 애기들
언젠가 돌아올 너를 위해
한 조롱 한 조롱 떠두리
까맣게 탄 가슴으로 내게 돌아오면
팔베개를 베든 안기든
몇 날이고 지새며 지내리라
끝내는 피고 마는
사랑의 날이 그렇게 오면
훨훨 날아가는 영혼을 불러 기별하고
너의 옹달샘 하나 안고 지내리

긴 머리 소녀의 스카프가 아름다운 계절

비탈진 골목길에 부스러지는
가랑잎이 아우성인 계절엔
외기러기 인양 외로워하고
고궁에 쌓인 단풍잎을 보면
혼자라도 깊어지는 소녀
살포시 고개 숙인 눈망울엔
천 년의 고독을 찾아낸 듯
서리 같은 이슬이 영근다
긴 머리 제풀에 흔들릴 때면
스카프 더 뜨겁게 달아오른다
가로등 불빛 바래도록 밤을 걷는다
아득히 들여다 볼 눈망울 내려
발밑에 흐느끼는 낙엽의
마지막 울음에 전율한다
몇 개뿐인 밤하늘의 별에 인연을 댄다
그중 하나에 눈을 맞춘다
불빛처럼 휘황한 도시의 사나운 고독에 눌려
긴 다리가 더 외로운 소녀
스카프 속으로 스며든 고독에 서러워
낙엽 지는 늙은 나무에 기대선다
모두 떠나버린 도시의 사랑 위로

온 밤을 끌어안아 볼을 닦는다
사랑을 남기고 간 미련으로

백발 여인

일그러진 항아리가
이 빠지고 손잡이마저 떨어졌어도
시어머니가 주신 대물림이라고
곱게 닦아 길들이다 등 굽은 할멈

횡성 땅 어디쯤에
고맙다는 말 달고 사는 백발의 여인

딸이 밥을 해줘도
고맙다 정말 고맙다
시래기 엮어 거는 영감한테도
고맙소 정말 고맙소

늙은 티 안내는
구름처럼 보름달처럼
아침마다 사는 법
고맙다고 그리 일러줘

고맙소 정말 고맙소
하얀 여인이여

길

얼마나 많은 그리움이 모여서
길이 되었을까
기쁨을 전하러 달려간 사람
아픔을 이기지 못해 절며 간 사람
두려움에 맘 조리며 몰래 간 사람
될 성싶은 일에 맘 앞서 간 사람
더는 기다릴 수 없는
영근 알갱이들이 누워 길이 된다
그 때 그 사람들이 그랬고
지금 우리가 그랬다
세상을 휘돌아 온 바람의 흔적처럼
토막 난 갈피의 시간을 먹고
해질녘 지친 길에 모두 눕는다
역사는 늘어지고 가지 맺는 인연
다녀온 거리를 펼쳐보고
어제 그랬듯이 내일을 길에 펼친다
길 위에 길이 새롭게 돋는다

앙가슴

타버린 냄비 닦던 솔로
박박 문대도
그리움은 지워지지 않는다
때로는 사노라 잊고 싶어
문대고 문대도 그리움엔 덧칠만 늘고
아쉬운 아픔만 그늘진다
더덕더덕 덕케이만 앉는 그리움을
우리는 하나쯤은 안고 사는 거다
때로는 잊었노라
벌써 잊었노라 건성거려도
다시 떠오르는 임
대낮에도 하늘에 뜨는 환영
주체 할 수 없는 내 가슴엔
품어둔 새알 하나
멍울멍울 앙가슴진다

낙도

바다 끝 낙도 섬마을에 가면
조무래기 같은 섬이 섬을 끼고 산다
대대로 천년을 산 인연 틈새
한 때는 어업의 전진기지로 번창하는 날
가스통이 들어가고 전화가 연통하더니
대체로 불려나간 사람들 이젠 없다
섬 하나는 염소 떼 주고
또 하나는 소떼들에 내주고
또 하나는 늙은이 두 내외만
조각배 하나 끌며 아득히 산다
남편은 반장 새마을지도자 어촌계장 선주에
주민 노릇을 하고
다 늙은 아내는 부녀회장 겸 부녀회원
하나뿐인 여성주민 위해 끼니를 끓여내며
저녁마다 기어드는 칡넝쿨 걷어낸다
회 간장 맛내기 위해 돌 틈에 달래 뽑는
검붉은 손등에 소금이 슨다
낙도가 늙는다

바람의 자식들

민들레는
온 곳 모르고
갈 곳 모르면서도
어디고 뿌리 내린다
우리는 가끔 꽃 핀 줄은 알아도
그 꽃 진 줄은 모르고 산다
아파트 계단 틈에서도
공원의 보도블록 사이사이
산사의 뜨락에도
민들레는 피었다 간다
바람이 꽃씨를 안아간 뒤
문간에 백일홍 피던 집
독거노인 죽은 줄도 모르는
조용한 이웃들 두고
경찰이 다녀갈 땐 개도 안 짖었다

가을에 온 손님

가을빛 고운 내 동네
한포천 노래 따라
발븜발븜 오신 님아
그리 이리 오신 길가에
도시에 그을린 미음 묻어두고
살풋한 가을인 듯 오신 님아
예서 마냥 머물다가오
아닌 듯 없는 듯 사는
동산에 솔바람처럼
곰삭은 시심 내어 웃고 노시다
싫은 걸음 해질녘 가실 땐
코스모스 길섶에 시심이나 뿌려주시고
풍경 끝에 졸던 바람처럼
쉬이 가시는 길
동구 밖 길모퉁이 갈대들
옛날에 임처럼 손 흔들거든
나려니 하며 그냥 가시게요

막내딸

이른 아침 수술실 앞 복도
한 남자가 침대에 누워 차례를 기다린다
근심어린 가족들의 둘러선 눈길을
피하려는 듯 눈을 감는다
저 혼자 큰 줄만 알다 출가한 막내딸
그만 여린 맘을 드러내며
그 남자 팔을 붙잡고 울음이 복받친다
아빠가 힘들 땐 우는 거 아냐
불쑥 그 말을 한다
막내딸은 놀란 듯 멈추고 돌아선다
수술실 문이 열린다
'걱정 마'하는 사이 침대는 들어간다
'한숨 푹 자고 나면 됩니다'란
주치의의 말에
깜빡 잠들었던 것만 같은
시간들 다갔다
"눈 뜨세요"
"수술 끝났습니다"
침대가 천천히 움직인다
문이 열리는가 싶더니
가족들의 음성 사이로 그가 나온다

모두가 잠깐 잠깐 이어진 긴 하루
그는 그렇게 살아났다
중환자실에서 마주한 주치의와 악수를 한다
수고하셨습니다
힘들게 뜬 눈 사이로 인사를 한다
한기가 온몸을 휩싸고 흔들어댄다
담요가 몇 겹인가 덮여지는 사이
그 애가 다시 손을 꼭 잡는다

단풍의 빛으로

가을 안개 짙게 내리고 나면
그리움이 많았던 단풍은
노란색으로 물들고
사랑이 깊었던 단풍은
빨간색으로 물드는 걸 보면서
언젠가 등허리 굽어지는 날
우리는 노란색으로 물들까
빨간색으로 물들 수 있을까
해마다 계절의 말미에
헐거워지는 마음속으로
찬바람 들까 싶다
먼발치보다도 먼데 산다는
너의 안부가 궁금해진다
아직 용서하지 못했던 일이
남아 있지는 않나 살펴본다
서툴렀던 삶이 비바람에 젖어
그나마 놓쳐버린 시간들
이제는 노랗게 물들여 세월에 띄운다
빨간 단풍 빛으로
노오란 너에게 간다

두려움

내가 얼마나 따듯했을까
내게로 다가온 그들 눈 속에
얼마나 가득 비쳤을까
거리를 지나는 사람들 눈 속으로
오래오래 머물기는 했을까
사랑이 서툴러 다가가지 못하고
서성이던 발걸음으로 와버린 날처럼
어둔 외로움의 그늘
고독의 얼음에 묻혀버린 건 아닐까
그런 오늘은 아니었을까
이때껏 그랬듯이
일 없는 오늘은 아니었을까
나를 내어도 좋으니
나를 놓치는 두려움은 아니었기를
거울 앞에서 들여다본다

달

어디선가 잘 살겠지
고마운 사람을 만났겠지
내가 잊지 못 하는 일로
잊지 못해 그러겠지
한번 지지고 볶으며 살아보려다
이도저도 할 수 없는 날이면
그리움이 커지다 아픔도 됩니다
내 자신 주체할 수 없는 날엔
일 없는 듯 별을 세어봅니다
그러단 달에게 내 마음을 비칩니다
달을 좋아하던 그대는
지금도 달을 보고 있을 것만 같아서
내 마음을 알아차릴 수만 있을 것 같아서
아직도 남은 알알들을 열어보입니다
보고팠던 일 궁금했던 일
한 뭉탱이 내어 안부도 하여 봅니다
얼마나 힘드냐고
얼마나 아팠냐고 물어도 봅니다
달은 달마다 저리 밝은데
어쩌라고 어찌 견디라고
그리도 아득하기만 하나요

그리며 살다가 이리 살다가 지레 늙어
그나마 잊을까 아주 잊을까
바라기 눈시울엔 걱정입니다

임진강

세상길이 모두
길 따라 길을 나서는데
가다만 길이 있다
다리 위로 강을 건너든 길이
아득한 함정처럼 멈췄다
늙어 까부라진 다리가
동강났기 때문이다
빨건 녹물 같은 피를 흘린다
숨 끊어진 다리가
다리의 다리를 잡고
며칠이고 놓을 줄 모른다
이 가을녘 하얀 민들레꽃 하나
길섶에서 가늘게 떨고 있다
보이지도 않는 죽음의 금을
남의 땅에 그어놓고 간 사람들
이미 죽어 없어도
애꿎은 젊은이들이 영문이나 알까
그 금을 지키느라 칠흑밤이 뜨겁고
길은 또 몸서리친다

제5부
산으로 간 꽃

TV

요즘 세상에
그래도 네가 낫다

환갑을 지나니
저 혼자 큰 줄 아는 자식들
제 자식만 알고
생각이 달라도 너무 달라
출가하고 분가한다

말 못하는 반려견과 혼잣말 늘고
그 짐승 눈치와 반겨줌에 혼자 웃지만
그래도 너만큼 웃겨준 이는
이때껏 없었다

너만큼 아는 인 또 누구더냐
무시로 일러주고 들려주고
네 말대로 따라 살기 힘들 때도
너 때문에 운 날도 많지만
산지사방의 별의별 기별도 듣는다

너만큼만 살아도 좋으리라 하다가
잠 못 드는 깊은 밤
자는 너를 때 없이 깨워도 마주해주는
네가 있어 기도도 배우고
네가 있어 미련을 버린다

갈수록 나래 폭이 좁아지는 영혼을 풀어 논
훠이 훠이 여행길도
TV 속 세상 속으로
너 따라 떠나니
그래도 낫단다 네가 낫단다

풍경이 있는 마을

봄비 먹은 을궁산에 물안개 솟고
양달 진달래 아직 먼데
냇깔에 맑은 물 굽이굽이 장단 따라
텃밭에 씨앗들 움트는 골

순이야, 산지사방 살던 이들
하늘인연 이리 닿아
마음 정했단다

주말이면 찾아들고
휴일이면 두런두런
별에게 눈을 맞춘다

꿈 많은 사람들이
저마다 고운 빛 한데 어울려
찻잔에 물 따르는 소리에도
그윽함이 넘쳐흐른다

가슴이 따뜻한 사람
냄새가 좋은 사람들이
철 따라 오고가는 새들에게

반가움을 살펴 배운다

어두운 산길에서 손전등 비춰주는
그이를 만난 것처럼
생전 큰소리칠 일 없는 사람들이
할머니 애기꽃같이 여기 산단다

손수건

부채가 그렇게도 좋은 계절엔
내 곁에 당신이 있듯이
손수건이 있습니다

줄줄 흐르는 땀방울을
제 몸 흥건히 적셔가며
얼굴이며 목이며 손등까지 찾아다니며
닦아주는 손수건

끝내는 제 몸을 쥐어짜는
비틀린 고통 속에서도
제 할일을 잊지 않는 모습

당신이 있어 설움이 북받치다가 멎는 것처럼
내 곁엔 손수건이 있어
부채를 거들어 주고 있습니다

늘 당신이 내게 하시듯
내가 당신에게도
손수건 같은 적이 있었는가 해서
손수건을 접고 또 접어봅니다

난로

뜨겁게 달아올라
모두가 멀어지는 난로보다
조금 남은 잿불로
은근히 끌어당기는 난로가 좋다
두런두런 둘러 앉아 하는 얘기를
모두 들어주는 난로
밤이 깊어 갈수록 정겹다
사랑도 사랑 나름이지만
뜨겁게 갈망하는 사랑보단
작은 정성으로 덥혀주는 사랑이 좋다
무릎이 맞닿도록 끌어당겨주는
잿불같이 작은 불씨의
사랑을 사랑해야
녹여주고 아끼며 예비할 수 있다

폐가

윗말 세 집메에 꼭대기 집
바람 드나드는 그 집엔
능구렁이 홀로 사는데
밤이면 고양이 울음
간간이 다녀간다

아랫말 개울가 큰집엔
울안 가득 개들만 사는데
식전에 다녀가는 트럭에
두어 마리 끌려나가도
궁금한 이 하나도 없네

이집 저집 가릴 일 없던 인심도
시절 따라 떠나간 인기척에
외롭던 한 집마저 고향 떠난 뒤
헛간 지붕 뒤덮은 칡넝쿨엔
칠월 칡꽃만 그득하다

아낙네들 손 부르트며 낸 새마을 도로엔
이끼 끼고 물 흐르니
길 바람 놓친 늙은 구름만
산허리 안고 해 지네

停年

참으로 무서운 말이다
어떻게 가는 세월을 멎으란 말인가
오도가도 말란 말인가
세월이 멎었으니 본래대로 돌아가란 말인가
정년퇴직?
그 날이 다가오니 해마다 수첩에 올리던
이름들이 점점 줄어든다
새로 다이어리를 받아도
해마다 쓰던 새해의 다짐도 비워두고
내 이름만 쓴다
모든 게 휴대폰으로 옮겨간 신통한 시대에 사는
알량한 덕으로 복잡한 기억력은 말끔해졌다
꼭 가고 싶은 곳 챙겨야할 날도 그리 옮겼다
엄지 검지로 톡! 톡! 꾹꾹 옛정을 더듬어낸다
그 사이 멎었다는 세월은 더 빠르게 날아가고
세월에 실려 오던 생각들은 마음만 흔들어 놓고
가고 없는 정년의 시간이다
가고 가도 제자리로 돌아 온 지금
과거인가 미래인가

미련

설 지난 냇깔에 외로움을 씻으러 갔다
눈을 덮고 있는 얼음 밑으로 물이 흐르고
띄엄띄엄 얼음조각을 이고 있는 돌 사이
쉴 줄 모르는 물의 노래가 흐른다
무심결에 들으면 하나같은 물소리지만
앞 물이 흐르고 간 자리 뒷 물이 흘러도
노래는 한 번도 같질 않다
물결 사이사이 끼어오는 시간 하나 건져
미련한 나를 비춰본다
설이 없으면 나이도 먹지 않으련만
밀려오는 설에 밀려 설자리 없고
해가 다르게 몸보다 마음이 무겁다
어제 뜨던 해가 오늘 뜨건만
새해라 해서 설이 더 섧다
먼데 간 친구 얼굴빛 바래지고
마음만 궁금해도 전할 길 없는데
냇깔 물소리 이따금 튀어 오르듯
끊어진 시간 내어 바람결에 이어대며
속절없는 한나절 예서 다 간다

예비하라

우리는 태어날 때부터 깊은 내면에 죽음을 갖고 태어난다

세월이 갈수록 그 죽음이 삶을 갉아먹으면서 화선지에 물감 번지듯이 배어나오기 시작한다

시간이 점차 깊어지고 세월이 무거워지기 시작하면 겉으로 드러난다

머리털이 밀려 빠져나가고 세월에 생체기 난 피부는 주름의 골이 깊은 만치 죽음의 그림자가 굵어지고 얼굴엔 검은 꽃이 피기 시작해 멀리 볼 수 없고 가까운 소리도 알아들을 수 없다

우리는 살아 있는 동안 영혼의 집인 육신을 잘 간수하고 가혹하게부리지 말고 먹는 일이나 하는 일이나 만나는 일이나 얘기하는 일이나 욕심을 멀리하며 철에 따라 정성껏 살아야한다 빠르거나 늦거나 누구에게나 닥쳐 올 죽음 앞에 추하지 말아야 한다

더럽고 추한 죽음으로 육신을 남기지 말고 선하고 맑은 죽음으로 육신을 남겨야 치워주는 이들의 수고에 남긴 최후의 예의가 된다

흉한 모습도 안 되고 더러운 모습도 안 되고 아무도 모르는 곳에서 삭아 내리는 꼬락서니도 안 되니 우리는 죽음을 잘 간수한 만큼 제 복을 받으며 사는 일이고 내생에 신 앞에 가는 길이 평안해진다

어느 어머니의 가슴
- TV를 보다가

김제 땅 어딘가를 가는 시골 버스 안
누가 딸을 물으니 살았으면 마흔여덟
금방 대답한다

출가한 딸 나이는 왔다 갔다 해도
잃은 딸 나이는 절대 잊을 수 없다는
죽었는지 살았는지 아직도 여섯 살인 딸

길가다 누군가가
그 이름 부르면
어메!
그 이름이네! 그 애 이름이네?

가슴이 저려드는 이름을
남들은 큰소리로 불러도
자기는 가슴에 대고 부른다는
그 이름 뇌이면서 눈물 짓는다

그 애를 그렇게
잃은 뒤로 부른 건만
골천번도 더 불렀다며
자신이 죽으면 잊을까 했는데

이제는 늙어보니
몇 번을 죽어도 잊을 수 없다는 딸 이름
너무 많이 눈물 흘려 깊어진 눈에
안산만한 한숨이 돌덩이다

박제

아예 죽지 못해
떠나지 못하는 영혼
뭇사람의 눈총에 손 타고
마르고 말라도 마를 수 없는 몸뚱이
심연의 꿈으로 가지 못한 허울의 꺼풀
천년을 살까
만년을 갈까
눈 감지 못한 잔인한 용트림
심금에 울던 죽은 고동 위로
까칠한 시간이 걸려 넘어간다
가다가다 퉁겨 달아나는 시간의 마디
박제의 칼날이 지나간 자리마다
저려드는 방부제에 살내가 운다

밤차

과속방지턱을 넘는 버스 안
긴 머리카락을 뒤집어 쓴 여자가
덜컹거릴 적마다 먼지떨이처럼 허공을 턴다
천정에 흔들리는 손잡이들이 안무하듯 장단 맞추고
희미한 불빛에 섞여 쏟아지는 시간들이
그녀의 목덜미를 타고 앉아 까부른다
털어내지 못한 진한 시간의 무게에
내던진 가방처럼 버스 의자에 맡겨있다
쪼개고 나누는 시간 속
쉴 틈도 없는 일일 도우미란 주부
생일을 기억 할 새도 없는 쌓이는 나이의 무게에
꼬부라진 목덜미는 질긴 명줄을 물고 늘어진다
밤비내린 아스팔트는 번들거리고
이따금 승냥이를 잡아먹은 브레이크의 굉음이
솟아오르던 곳을 아무러치도 않게 지나트린다
긴 하루 내내 연화장에 연기가 피어오르는 것도 모르는
아파트의 창들처럼 질긴 모가지에서 내릴 줄 모르는
검게 토막 난 시간은 덕켕이지고
세월이라는 이름으로 또 하루를 접는 건너편에
실금이 보이도록 닳아빠진 타이어를 갈아 끼우듯이
검은 그림자를 끌고 온 사람이
제 시간을 풀어낸 시간 속으로 그림자를 지운다

암 병동

암울함으로 가득한 벽마저
누렇게 찌든 병실
이제 먹고 싶은 거 많이 드시라는
말 때문이라도
모래알 같은 밥알에
눈물 뚝뚝 말아 목이 메던 처형
아끼던 은수저 집에 두고
병원 숟가락이 돌덩이 같은 한낮
파마머리 깎아내린 민둥머리
속살이 누렇게 변해가고
핏기 없는 입초리 앙다물며 한숨을 삼킨다
곱던 신랑의 눈길 어둠에 매여
콩나물 값 같은 돈 모아두던 꿈 내어
자식들에게 금붙이로 흔적을 남기고
파르르 떨던 손길 따라 바람도 진다
창 너머 들리는 자동차 질주음들
먼 길 떠나는 재촉인양
자다 죽을까 잠 못 든단다
피붙이 살붙이 다두고
혼자여서 더 무섭다는 혼잣말
밤이면 구겨진 세월이 덜컹거리는 소리에

세상살이 각박하다고
혼자만을 먼저 생각한 것이
더 서럽다는 쓸어내리는 말
같이 앉아 들어줘도 아픔만은 혼자여서
육신이 더 불쌍하다는 울림소리 따라
사르르 스르르 살 빠지는 소리 난다

사진무정

그냥 보면 안 보이던 것들이
사진을 찍어놓고 보면 보인다

동산 숲의 사진을 보면
숲을 흔들어 대는 친구들이 보이고
강 건너 산 사진을
가만 가만 들여다보면
그들의 속삭임이 들리는 요즘

문득 보고 싶어 너의 사진을 보면
꽃을 찍어놓고 웃음을 찾던 너의 뺨이
장마 뒤 햇살을 열어주는
구름처럼 피어오르는 오늘

보고 싶은 친구를 만나러 갈까 말까
수줍던 마음도 보이고
그리움 한 타래 다 풀어도 남는 밤을
끌어안고 우물쭈물하다가
그에나 잊어버리는 가련한 용기까지도 돋아난다

그토록 사랑스런 너를
사랑하기가 더 어려운 것은
마음이 아파야 하기 때문이란 말로
가지 못하고 상해버린 변명에도
나의 너는 그렇게 오고 있었다

늙은이

고향 한번 못 갔다는
사할린의 저 늙은이
엄마 얘기하며 울어
날 울린다

애들은 콧등으로 눈물 흘리는데
눈초리에도 흐르는
네 줄기 눈물이 나를 울린다

사느라 살다가
세월을 놓고 그냥 살다가
요즘 들어 이렇게 늙는구나 한다

아프고 나면 또 아프고
몸뚱이가 맘 같지 않아
잠자리 들기가 싫은 날도 있단다

어젯밤도 그랬는데
저 늙은인 넋 나간 듯
엄마 찾아 울고 있다

제 정신인건 분명한데
가슴 내어 저리 울어
시간도 따라 운다

산막에서

매화 피는 철이면
꽃내에 취해
흙길을 거닐고
베잠방이에 솔바람 들도록
원두막에 누워
짙은 매미소리 따라가 본다
먼 산 바라기에 빛 고은 햇살처럼
온 동네 가을색이 진동하면
시래기 두어 두름 내어걸고
지붕이나 이으면 되는 세월
길 먼 동네에 눈 온단 소식 뜨면
뒷산에 삭정이나 들여 놓고
장독에 새 모이 챙겨 주리라
철 따라 저절로 살다 보면
사는 게 살고 싶어
제풀에 제 신들려
남보다 먼저 웃으리라

마음의 무게

그대의 마음 무게는
날아갈 것 같이 가볍다하고
언젠간 너무 무거워
가슴 아프다고 했습니다

어머니는 어린 나에
뒷바라지를 다 못해
마음이 납덩이같다고 하셨습니다

어릴 땐 어머니를
지금은 그대를
이토록 무겁게만 했는가봅니다

내 마음이 무거워지더라도
그대의 마음이 가벼워졌으면 합니다
날아갈 때까지 가벼워졌으면 합니다

지금은 당신을 위해
내가 할 수 있는 일은
기도뿐이지만
오늘도 그리합니다

모란시장

때 없이 청정한 꽃집 앞을 지나
널브러진 싸전판을 둘러보며
앞서 걷던 성님이 오늘은 뭐가 먹고 싶냐 시더니
팥죽을 먹자신다
약재집 옷가게를 지나 비닐 천막 속
빼곡한 음식 속으로 파고 들어간다
이리저리 둘러 봐도 그 사람이 없다
가로세로 두어 바퀴를 돌고나니
상호를 아느냐
이름을 아느냐 묻는 말에
얼굴만 압니다란 대꾸로
묻던 사람 말문을 막아 놓고
다시 훑어본다
젊은 새댁네는 뒤켠에 자리 했고
돼지 상인 아줌마는 결판져도
옆줄에 자리 했네
눈치 빠른 아줌마는 가운데 자리하고
앉으라는 채근에 걸상에 걸터앉아
팥죽을 받아 보니 진하고 푸짐하다
옹알옹알 새알심이는 입안을 문지르고
찬바람 속 팥죽을 먹다 보니

계사년이 달포도 안 남았네
훌쩍 지난 세월 앞에
떡국 먹고 나이 먹고 팥죽 먹고 아쉬워한다
두런두런 둘러보던 시장 구경
달덩이 같은 빈대떡 앞에 놓고
달 속에 갇혀 평생을 떡방아를 찧는
토끼 생각을 한다
얼마나 늙었을까
도대체 몇 살이나 먹었을까
무슨 업보로 절구질만 해대나
그 달떡 받아먹은 중생들
어디서 무얼 할까
모란시장 상념이 깊어지는 한나절에
소주잔을 들던 성님이
동상은 왜 모자를 안 썼냐고 걱정이시다
바람결에 헝클어진 하얀 속 머리에
꽤나 속 상하셨나보다
어 쩌 우
세월의 색깔이 하얀 것을
하고 싶은 말
그냥 눈으로 대꾸했다

엄마의 세월

팔남매를 낳아 길러주신 불쌍한 우리엄마
자식 모두 키워 출가시키곤
늘그막에 가족도 몰라보신다고
치매 전문시설에 보내란다
엄마는 나를 몰라보시지만 내가 엄마를 알아보는데
어떻게 보낼 수 있을까
아무도 모르는 사람들 틈으로
어떻게 보내드릴 수 있을까
내 자식 키우느라 엄마를 잊고 산 날이 아파옵니다
사노라 사는 게 아무리 힘들어도
세월이 이렇게 까지 밉진 않았습니다
팔남매 끌고 보릿고개 넘어 오신
엄마의 반편을 뺏어갔던 세월
기저귀를 갈아 드리다가 흘리는 눈물
“아줌마 울지 말아요”
그 말에 끌어안고 통곡해도
저려드는 가슴에 무기력해지는 딸을 두고
이제는 엄마의 모두를 뺏어갔습니다
저러다 나도 모르는 엄마를
아무도 모르게 뺏어 갈까
세월이 한 없이 미워집니다

제6부

흐르는 계절

귀가

골목바람 세차게 불던 겨울밤
가랑잎들이 사그르르 몰려간다
대문 앞에 차곡차곡 웅크린다
집은 나만의 집이 아니었다
가랑잎 따라 온 바람도 추위를 타는지
창문을 두드리고 흔든다
우리는 대문을 열어 두어야 하는
이유가 마음 밖에도 있는 것이다
핑계 많은 사람이라도
마음엔 문을 달지 말아야 한다
내게로 오는 모두를 위해
낯설어 하지 말아야 한다
기다리면 된다는 것을 안
지금
미움 없이 사랑은 모른다

별마을에 오시게

낮밤 가리지 말고
무시로 오시게
오시는 길에
여기저기 널린 시 주워
한 두릅만 엮어 오시게
지지고 볶고 데쳐 먹을
시 한 두릅이면
열 밤도 한 밤이 되느니
내 동네 밤하늘엔
오로라는 없어도 함박 솟은 별들
아직도 임자 없으니
맘껏 퍼가시게
오실 때 그냥 오셨으니
그냥 퍼 가시게
내가 줄건 그 말 말곤
좋은 게 없으니
아기별이 소곤대든 순한 전설들
그건 덤일세 그려

그때 그 일

동해안 조용한 피서지의 아담한 호텔
당신은 당신대로 나는 나대로
서로가 온지도 모른 체 쉬고 나서
전망 좋은 스카이라운지 해변 창가에
아침 식사하러 올라갔다
엘리베이터의 문이 열리자마자
내가 내리기도 전에 기다렸다는 듯이
외마디가 들렸다
나를 부르는 듯한 소리였는데
웨이터 녀석이 코앞에서 넙죽 인사하며
식권을 달란다
너무 가까이에서 그러는 바람에 엉거주춤하다
직원들끼리 하는 소리였나 보다 생각하며
식권을 건네고 접시에 음식을 담아가는데
앞 손님이 가지 않고 집게를 놓지 않는다
이 사람 왜 이러나
아침부터 헷갈리는 일도 많구나
그 사람 위아래를 훑어보니
면티 반바지에 슬리퍼 신은 그 사람
어디서 본 듯도 아닌 듯도 한 그 사람
나는 그를 보고 그는 나를 보며

잠시 잠간 흐르는 무념의 적막
쏘아보듯 하던 그가 집게를 놓고 자리로 간다
나는 나대로 계속해서 음식을 담아가며
집사람과 얘기도 하고
창가 자리에서 식사를 하고 나오면서
그 사람을 힐끗 보니
어기적어기적 음식을 꽉꽉 씹으며
식사를 하는데 그 옆에 과년한 딸 같은
젊은 여자 웃음이 하도 야릇해
엘리베이터 타고 내려오면서 다시 생각하니
그 사람이 그 사람일 줄은 전혀 생각도 못했는데
그 사람은 나를 알아보고 불렀던 모양인데
내가 미처 듣지 못하고 지나쳐 버리면
그 상황을 빤히 보고 있던 그가
다시 한 번만 불러주든가
옆에 갔을 때 말이라도 걸어주지
왜 아무 소리 않고 있었을까
나는 그 웨이터 녀석 때문에
전혀 생각도 못했던 일이 일어날 줄은
정말 몰랐는데
그 사람은 왜 그냥 갔을까

외마디의 자존심이었을까
생각하다가 아래층까지 다 내려와 버렸다
지금이라도 다시 가서 인사를 할까 하다
그 날의 분위가 너무 어색해
그냥 오고 잊었는데
그 사람도 하루 종일 찜찜해했을 것만 같으니
지금 와 생각하니 그 일보다
그게 더 실수였던 거였네, 생각하니
지금이 더 찜찜하다
그게 다 살다가 닥치는 일
부지기수인 날들, 가끔은 그런 날
그래도 그게 그러네

폭설

칠흑 허공이 강냉이처럼 튀겨진
구천의 가루 날리고 부어
눈 그늘에 가려진 바닷가

추위에 떨던 파도가 눈을 쓸고
때 늦은 꽃그늘이 그리운 나는
눈으로 빈 마음을 쓴다

밤을 가를 듯 지새우는 밤
하늘과 땅이 눈으로 뭉쳐지는
순백의 탄생 설화의 계율을 엮어

어둠의 대양에서 파도는 기어 오고
폭설에 별도 가라앉은 바닷가 암자에
풍경의 염불 소리도 멎은 침잠의 시간

콧등에 앉는 매화에서 너를 느끼며
이대로 멎을 것 같은 시간을 달여
하얀 시편의 가루를 날린다

그해 가을

소울음처럼 허망한 이별 위로
뭉게구름처럼 하얀 그리움이
밀려들던 그 해 가을
내려앉은 울타리 사이로
소쩍새 울음이 배어들 때
꼭 돌아온다던 다짐이
작은 문자 안부마저 끊어진 계절
가을걷이에 지친 허리 펼 때마다
갈바람 구름 사이로
얼핏얼핏 비치는 환영 위로
너를 걸어놓고 얘기하던 가을
무덥던 여름 치마를 걷어 올린
허연 허벅지가 땀에 젖도록
콩밭 매던 너의 허리춤에서
반질반질 땀내 짙던 개똥참외가
목울대를 밀고 올라오는 날이다
가을이면 이 가을이면
네가 간 매봉재로 넘어오는 갈바람에
빈 소맷자락에 더 눈이 쓰리다

낚시

건너편 모래톱엔
백로가 기다리고
이편 내깔뚝엔
대낚 담근 노인이 기다린다
설핏설핏 입질 놓는
물고기에 숨죽이고
기다리는 저들
이따금 저린 다리를
들었다 놨다 할 뿐
실바람에 까불대는 저들의 미동은
해지는 줄 모르고
한쪽은 은빛 삶을 낚는데
한편은 하얀 무심을 낚으며
그저 세월을 들어붓는다

틈새

부모님께
혼나가며 큰 내가
요즘은
자식들이 틀렸다고 한다
그 시절 내 부모님 나이보다
지금 내 나이가 더 많은데
신식으로 크는 아이들에겐
낡은 틈새가 보이나 보다
널빤지에 헌 못을 조심스레 뽑듯이
마룻장 틈새에 때를 빼듯이
그 하나만 빼버리면 될 것을
옹이 같은 고집으로
나는 나대로 세월을
보냈나 놓쳤나 하다
또 그러다 만다

지나가는 비

소나기에 흠뻑 젖은
등허리로 땡볕이 따갑고
정수리엔 김이 핀다

그늘을 찾아 바람을 부르나
덥혀진 속내엔 길이 없다
어둠을 먹고 피는
촛불의 나풀거림에 그을음이 크듯이
꾸역꾸역 땀내가 핀다

뜨거운 해를 이고
무거운 시간을 끌며 간
님의 발걸음 말미에
뽕잎 먹는 누에처럼
다시 길을 간다

햇빛과 여우비가 뒤범벅인
노란 수작의 시간은
장대 같은 소나기쯤엔
달아나지도 않는다

지금 생각해도 그때 왜 그랬는지

에헤라 달공
에헤라 달공

나만 보면 사느라 고생한다 시며
뵐적 마다 애틋해하시던
숙부님 장사를 마치고
제사를 지낸다
차례차례 상주들이 술잔을 올리는데
형수와 제수 차례가 되자
머뭇머뭇 눈으로 묻는다
같이 올리란 말을 해 놓곤
나는 엉엉 울기 시작한다
아무도 안 우는데
분명 나도 안 우는데
내가 운다
서러운 아이처럼 운다
숙부님이 떠나시느라 붙들고 우셨는지
남도 나도 안 우는데 나만 혼자
엉엉 울고 있었다
멋쩍은 사람들은 다 내려가고
혼자 울던 내가 내려갈 때까지

차일 속에 숙모님은 소리도 없이
또 그렇게 울고 계셨다

여전한 날들

해질녘이면
을궁산이 한포천을 건넌다
물이 꽤나 깊은데
저리 큰 산이 발도 안적시고 건넌다
다가가 물속에 궁금증을 풀다가
저녁노을 배웅도 못하고 돌아온 날
온 동네 잠든 사이 홀로 온 밤을
하얗게 밝히는 아침이면
을궁산은 시침 떼고 해맞이하는데
세상 걱정을 혼자 다한 나만
내깔둑을 오락가락 물소리 듣는다
밤새 바람이 놓고 간 소식들
물결에 아로 새겨져 일러주는데
아주 오래전 봉황이 놀던 자리
옌가 겐가 알 듯도 하다만은
아직은 길 나설 때가 아니라 한다

아내가 입원했다

함박눈이 내린 동산이 그렇게도 예쁘다고
산에 가자더니 눈길에 주저앉은 아내가 입원했다
손목뼈가 부러졌단다
철심을 박고 한 달을 지내야 한단다
나는 혼자서 집안일을 해야 한다
안 해보던 찬거리가 제일 걱정이다
둘이만 살다가 한편이 떨어져나간 시간들
늘상 하던 일도 더 많아진 것 같고
서투르고 힘들어진 것 같다
거들어주던 일도 잔소리를 들을 때가
수월했던 것을 알게 됐다
성깔 없는 잔소리는 챙겨주는 것이고
부부가 함께하는 모습이었던 것을 느낀다
병원에서도 전화로 요모조모 잔소리하는 오늘
늙어 가는 시간이 두 사람 사이에 끼어듦을
다독이며 밀어내고 있는 것이다
부부는 잔소리가 들릴 만큼의 공간에서
손이 닳을 수 있을 만큼 사이로 있어야 한다
싱그런 웃음으로 눈을 들여다보다 보면
꿈이 많아지고 해주고 싶은 것이 잘 보여
체취가 고와지고 젊은 향이 우러나게 사는 것이다
그래서 잠들어도 고운 이들이 있다

아름다운 이웃의 구계九誡

이웃이 되는 것은
먼저 인사하는 것이다

반가운 이웃이 되는 것은
시샘하지 않는 것이다

정다운 이웃이 되는 것은
베풀 줄 아는 것이다

믿음직스런 이웃이 되는 것은
의심하지 않는 것이다

사랑스런 이웃이 되는 것은
흉허물을 들추지 않는 것이다

편안한 이웃으로 사는 것은
말을 옮기지 않는 것이다

섭섭하지 않은 이웃이 되는 것은
바라지 않는 것이다

자랑스러운 이웃이 되는 것은
솔선수범하는 것이다

오래오래 같이 하고 싶은 이웃이 되는 것은
정다운 친구처럼 우러나는 진솔함이 있어야 한다

한 모금

꽁초를 잡은 검지 같은 등허리
쭈그러진 빈 깍쟁이의 몸뚱이
무릎 위에 걸치고 앉아있다
등으로 양달 담벼락에 다시 기대며
파란 담배연기를 빨아들인다
한참을 기다려도 토해내지 않는다
참으로 신기한 인생 같더니
기어이 가슴이 탄 연기가 새 나온다
통곡 같은 헛기침이 마디마디 꺽인다
주름 깊어진 눈초리에 고인 이슬 위로
오후 햇살이 먹물처럼 튄다
별도 없는 도시의 밤하늘에
연줄을 대며 지샌 나날들이 튄다
가물대는 낯설어진 고향에
간 적 없이 늙어버린 이방인
자식 앞세웠던 가슴으로
잘근잘근 깨물어 침을 바른다
마지막 남은 꽁초를 깊이 빤다

<작품해설>

불교적 색채 속의 구도자적 삶

김순진(문학평론가 · 고려대 평생교육원 시창작강사)

불교적 색채 속의 구도자적 삶

김순진(문학평론가 · 고려대 평생교육원 시창작강사)

시인이 시를 쓰는 이유는 무엇일까? 우선 즐거워야 쓸 것 같다. 두 번째로는 사느라 쓸 것 같다. 그리고 세 번째로는 자신이 살아온 길을 되돌아보느라 쓸 것 같다. 지금까지 내가 시를 쓰는 방식은 그랬다. 그런데 이병석 시인의 시를 살펴보니 이병석 시인의 시도 그렇다. 필자의 시세계와 전혀 다르지 않았다. 그의 시 속에는 즐거움도 보이고 치열하게 살아온 삶의 흔적도 묻어나며 이제 연만하신 연세에 지나온 삶을 되돌아보는 성찰도 짙다. 그의 시에서 개인적인 이득이나 행복을 취하기 위한 에고이즘적 독선은 보이지 않는다. 오히려 심화된 자아로부터 발전된 사회관이 개인이 사회에 공헌해야 하는 이유를 은연중에 계도하고 있다.

이병석 시인과 스토리문학은 불과분의 관계에 있다. 2002년 가을의 어느 날. 필자와 이병석 시인은 최현근 회장, 그리고 몇몇 시인과 대학로 마로니에 공원에서 만났다. 그 자리에서 우리는 스토리문학의 창간을 결의했다. 그리고 이병석 시인은 한국스토리문인협회 초대 부회장을

맡아 수고해주셨다. 이후 이병석 시인의 『지구를 돌리는 남자』라는 두 번째 시집이 나왔을 때 필자는 그 시집의 작품평을 쓴 기억이 있다. 그리고 필자가 운영하는 출판사에서 『어디다 꽃을 심으랴』(2005. 도서출판 문학공원)란 시집을 내신 후 또 다시 몇 년이 흘러 얼마 전 이병석 시인께서 시집을 내시겠다며 전화를 하셨다. 너무 반가웠다. 어언 8년이 흘렀다. 그동안 시인께서 붓을 놓지 않으시고 열심히 써오셨다는 말도 되겠다.

이병석 시인을 머릿속으로 떠올리면 부지런한 사람이란 생각이 든다. 처음 뵐 때부터 그냥 부지런할 것 같은 분이란 생각이 들었다. 왜 그런 생각을 가지게 되었을까? 곰곰이 생각해본다. 아마도 이병석 시인께서 오랜 세월 동안 시를 열심히 쓰셔서 그런 생각을 가지게 된 것 같다. 이에 나는 이병석 시인의 시 몇 편을 읽기 위해 망원렌즈와 졸보기, 그리고 망치와 가위, 톱과 체를 동원했다. 그의 시는 그만큼 다양한 방법으로 쓰였기 때문에 그때그때 읽을 수 있는 특별한 도구를 사용해야 한다. 다음 시 한 편을 읽어보자.

마누라 기저귀 갈아준 노인
희미한 기억 속으로
자꾸만 얼굴을 들이민다
연기 같은 옛 것들이 날아가기 전
남편 얼굴도 몰라보는 날이 올까
깊어가는 동공 속 그리움을 꺼내준다
덜컥덜컥 겁이나 이름을 연신 불러준다
제일 잘 아는 장모님 얘기만 들려준 게

골백번도 넘었다
일 없이 흐르는 눈물이 마를 새 없고
하얗게 시어버린 곶날의 주름 틈새에
찌든 세월을 닦아준다
때 없이 먹을거리 찾아대더니
땟거리 걱정도 모르고 입도 안 댄다
고집통에 한숨 부어 쏟아버린 죽그릇
여린 마음이 뭉텅뭉텅 미어진다
이러다 당신가면 무서워 못 산다고
맨날 맨날 들려주던 그 노래
구성진 가사가 일없이 늘더니
그믐달 지는 골목길 오가는 이도 없는데
한숨이 나는 줄도 모르고 내려다본다

-「집 지키는 노인」 전문

이 시는 안에서 밖을 볼 수 없고 밖에서만 안이 들여다보이는 유리창을 들여다보는 것과 같이 생생한 증언이다. 노인은 병든 아내의 병간호를 하며 산다. 기저귀를 갈아주면서 아내가 잘 아는 이야기, 아내가 잘 아는 노래를 골백번도 더 들려준다. 그런 광경을 보아온 이병석 시인 역시 남의 일로 느껴지지 않았기에 이런 시를 썼을 것 같다. 차츰 노인국가가 되어가는 우리나라의 세태를 단적으로 보여주는 예라 하겠다. 요즘 조선일보에서는 노인문제에 관한 기사를 특집으로 보도하고 있다. 2031년이면 상주喪主보다 고인故人이 더 많은 시대가 온다고 한다. 베이비붐 세대인 1960~1970년에는 부부가 보통 4~10남매를 낳았다. 그런데 요즘 한국 여성이 평생 동안 출산하는 수가 1.3명의 출산율을 보인다고 한다. 채 2명이 안 되는 출산율로 4~10남매의 부모세대를 부양하기란 정말 어려울 것 같다. 출산율이 이대로 50년간 이어진다면 우리나라 인구는 반토막나게 된다고 한다. 자식이 부모를 돌보지 않는 일은 비일비재하고 장례식장에서 사망한 부모를 무연고처리를 하는 세상이다. 앞으로 노인문제는 갈수록 심화될 것으로 본다. 노인국으로 가는 길목에서 홀아버지를 모시는 입장에 있는 나로서는 이 시를 접하는 마음이 더욱 짜르르하다.

누구나 평생의 복을 받고 태어난다
하루를 살면 하루만큼의 복을 감하며 산 것이며
한 번의 부질없음은 또 하나의 복을 스스로 감한다
태어날 때 받은 복을 지키기 위해선
늘 복을 지으며 살아야 일생이 평안하다
수명이 다하는 날 지은 복이 많아 남아도는 만큼은
다음 생에서 받을 복에 더해서 받기에 귀하게 태어나
영화롭게 복스럽게 살아가게 된다
일생 동안 복을 다 쓰고 지은 복도 없는 사람은
다음 생에서 도둑질을 하거나 얻어먹고 살아야 한다
일생을 살면서 제복을 차고 감한 사람은
사는 동안도 복이 모자라 부모 복이나 이웃의 복으로
살았으므로 다음 생에서 그 빌려 쓴 복을
다 갚아야하는 축생으로 태어나게 된다
축생이 되어서도 다 갚지 못하면
아귀가 되어 윤회의 복마저 받지 못한다

– 「복 짓는 일 – 인연공덕」 전문

시인은 이 세상에 올 때 복을 받아 태어났다고 믿는다. 하루를 살면 하루만큼의 복을 받고 태어나는 것이며 70세가 되면 70년의 복을 받은 것이라고 피력한다. 그리고 그 복을 지켜가야 한다고 말한다. 자기가 받은 복을 지키지 못하면 부모나 형제의 복을 빌려와야 한다고 말한다. 시인의 말씀에 공감한다. 복은 스스로 짓는 것이다. 이 땅에 온 자체만으로도 복이다. 그리고 그 복은 복을 지어서 갚아야 한다. 하늘에 갚은 것이 아니라 부모, 형제, 이웃에게 갚아서 감사함을 표현해야 한다. 문명이 발달하면서 복의 개념이 자꾸만 물질로 흐르고 있다. 옛날에는 다섯 가지 복을 이야기했다. 곧 수壽, 부富, 강녕康寧, 유호덕攸好德, 고종명考終命이 그것이다. 오래 사는 것과 부자로 사는 것, 그리고 건강하게 사는 것은 누구나의 소망이다. 그런데 아무리 오래 살고 부유하며 건강하다 할지라도 그렇게 산들 덕 쌓는 일을 좋아하지 않아서 남의 손가락질을 받는다면 무슨 소용이 있으랴. 그리고 복이 하나 더 있으니 죽는 복이다. 요즘 장수시대라고 하지만 노인들에게는 죽는 일이 크나큰 숙제가 되었다. 그래서 자신이 죽으면 자식들이 타 먹는 장례보험의 모집이 성행하고 있다. 어떤 사람들은 자신이 들어갈 자리인 가묘를 생전에 만들기도 한다. 그것도 다 어느 정도 있는 사람들이 할 수 있는 방법이다. 시에서처럼 기저귀를 채우거나 뒤를 받아내는 일이 생긴다면 참으로 난감한 일이다. 그래서 봉사활동을 하면 나중에 자신이 필요로 할 때 되돌려 받는 제도도 생겼다고 한다. 생전에 덕 짓는 일을 열심히 해야 한다. 오복 중에 가장 가지기 어려운 일이 유호덕이다. 그만큼 덕을 쌓은 사람들은 말년도 후덕해질 수 있음을 우리는 이 시에서 깨닫게 된다.

이국 멀리 고산지대에 옛적에 생겼다는
기기묘묘한 좁다란 바윗길 끝
새집 모양으로 틀어 앉은 하늘도시
천년의 역사로 들어가 하룻밤 유한다고
우리 땅 골골에서 몰려간 사람들
운봉사 정과사 개공사 두루 들려
부처님 등신불 개자추
제 얼굴 생긴 대로 생각을 내어
눈 열어 친견하는 인연으로
천 년 만 년 사시는 모습을 뵙는다
사바세계 살붙이들 어여삐 살게 하려
서두르고 조리며 살다 찌든 맘
내 것 네 것 모두 꺼내
천길 절벽아래 운무 속
바람이나 물어가라 던져버리고
맑은 인연이나 새록새록
맺고 가는 하늘도시

- 「하늘 도시」 전문

아마도 시인은 중국 면산 여행을 하셨나 보다. 운봉사는 삼국지에 나오는 조조가 활동했던 시기인 삼국시대로 1,700여 년 전에 만들어졌다고 하니 대단한 역사를 지녔다. 운봉사로 오르는 길은 절벽에 말뚝을 박아 갈지之자로 만들어진 계단인데 바라보는 것만으로도 아찔하다. 기암절벽 위에 지어진 호텔 또한 다리를 후들거리게 만든다. 중국으로 여행을 갔는데 우리나라 사람들이 더 많은 것이 아이러니한 풍경이다. 운봉사, 정과사, 개공사. 세 절의 절경은 가본 사람은 평생 그 절경을 잊지 못한다. 이병석 시인은 그곳에서 하룻밤을 유하면서 천년의 역사를 유하고, 그간 내 것 네 것 따지던 습관을 모두 버리고 새로운 인연과 만난다. 그곳에서는 구름도 인연이고 바람도 인연이다. 스치는 사람도 인연이고 새도 인연이고 나무도 인연이며 발자국마저 인연인 것이다. 불가에서는 옷깃만 스쳐도 인연이라 하지 않던가? 그 하늘도시에서 시인은 자신이 하늘도시의 시민임을 느낀다. 시를 써야만 느낄 수 있는 하늘과의 특별한 교감을 느끼는 것이다.

나는 그늘이 든 사람을 좋아한다
가슴에 그늘이 든 사람이 더 따듯하다
그늘의 크기만큼 슬픔이 많고
슬픔이 많기에 모질지 않다
그늘로 인해 서늘해지는 마음을
덥혀 내느라 애를 쓰고
더워진 마음으로 다가가기 때문이다
그늘은 그늘로써 그늘이 아니라
그늘을 그늘로써 사랑을 만든다
내 그늘에 그들의 그늘을 덮으면
사랑이 되기 때문이다

- 「그늘」 전문

그는 그늘이 든 사람을 좋아한다고 말한다. 그것은 맑

은 사람을 좋아한다는 말로 들린다. 맑은 사람은 그늘을 많이 가지고 있는 사람이라는 말로 들린다. 가만히 생각해 보니 시인의 말씀대로 그늘을 많이 가지고 있는 사람은 모질지 않은 사람이라는 생각이 든다. 나도 많은 그늘을 지녔다. 그만큼 슬픔을 많이 가졌다. 어려서 어머니가 돌아가시니 늘 홀로였고 소년시절은 많이 외로웠다. 그래서 순수한 마음을 지금까지 이어오고 있다는 생각을 이 시를 읽고서야 해본다. 이 시는 패러독스기법을 잘 이해하고 쓴 시다. 일종의 반어법이다. 이병석 시인도 많은 슬픔을 지녔을 것 같다. 특별히 그의 인생담을 들어보지는 않았지만 부모형제에 관한 시가 많고 추억시가 많은 것을 보면 그렇다. 그리고 이제 노년에 든 그가 가지는 슬픔은 점점 더 확산되어 가리라. 그러나 슬픔이 확산되고 그늘의 영역이 커지면 테니스공을 벽에 쳤을 때 부딪치는 강도만큼 튕겨 나오는 거리도 커지는 것임으로 그의 마음에 나타나는 맑음의 영역, 사랑의 영역이 확장될 것이다. 그러니만치 늙는다고 너무 슬퍼하지 않으셨으면 좋겠다. 나무는 나이가 들어도 똑 같은 생각을 지니고 산다. 스무 살의 나무는 잎사귀가 크고 오백 살의 나무는 잎사귀가 작은 것이 아니다. 스무 살의 나무는 잎사귀가 짙푸르고 오백 살의 느티나무는 잎사귀가 노리끼리 하는 것이 아니라 똑같이 푸르고 똑 같이 단풍이 드는 것이다. 그것은 한 가지 목적을 지녔기 때문에 그렇다. 사람의 마음도 언제 죽을지 모른다는 가정을 하지 않는다면 느티나무처럼 늘 푸를 것 같다. 그러면 사랑의 마음, 푸른 마음, 그 아름다운 영역은 어떻게 볼 수 있을까? 시인의 그 푸른 마음이 이런 시집으로 나타나는 것이다.

어디선가 잘 살겠지
고마운 사람을 만났겠지
내가 잊지 못 하는 일로
잊지 못해 그러겠지
한번 지지고 볶으며 살아보려다
이도저도 할 수 없는 날이면
그리움이 커지다 아픔도 됩니다
내 자신 주체할 수 없는 날엔
일 없는 듯 별을 세봅니다
그러단 달에게 내 마음을 비칩니다
달을 좋아하던 그대는
지금도 달을 보고 있을 것만 같아서
내 마음을 알아차릴 수만 있을 것 같아서
아직도 남은 알알이 열어 보입니다
보고팠던 일 궁금했던 일
한 뭉탱이 내어 안부도 하여 봅니다
얼마나 힘드냐고
얼마나 아팠냐고 물어도 봅니다
달은 달마다 저리 밝은데
어쩌라고 어찌 견디라고
그리도 아득하기만 하나요
그리며 살다가 이리 살다가 지레 늙어
그나마 잊을까 아주 잊을까
바라기 눈시울엔 걱정입니다

– 「달」 전문

이병석 시인의 시는 서정적 자아와 주관적 자아 사이에 양파나 다시마에서 나오는 끈적한 점액질이 있는 것 같다. 달팽이나 미꾸라지를 만지면 끈적한 점액질이 만져진다. 그 점액질은 자신을 보호하기도 하지만 앞으로 나아가게 하는 동력이 되기도 한다. 이병석 시인의 시에는 그런 점액질 같은 게 느껴진다. 달의 주변을 맴도는 달무리는 정지된 듯 보이지만 단비라는 미래를 지향하고 있다. 그래서 그 점액질이 생각을 보호하고 있다. 시인에게 그런 점액질은 달무리 같은 것이다. 달에게 달무리는 큰 의미가 없다. 그러나 달무리의 입장에서 달이란 너무나 큰 의미로 다가온다. 떠난 사랑은 달무리 같은 것이다. 생각이 늘 그녀의 주변을 떠나지 못하는 것, 그런 것이 아린 사랑의 증거가 아닐까 생각해본다. "어디선가 잘 살겠지 / 고마운 사람을 만났겠지" 이 말은 아주 평범할 것 같은 기원의 말이다. 그러나 이런 평범한 말은 시인의 가슴속에서 평생 똬리를 튼 뱀처럼 도사려온 말이다. "그리움도 커지다 아픔도" 된 말이다. 사람은 초등학교 4학년인 11살부터 중학교 3학년인 16살까지 불과 6년의 추억은 그 사람이 가지는 평생의 인성을 좌우한다. 그리고 고등학교 1학년인 17살부터 군대를 제대하거나 대학을 마치는 시기인 23살을 전후한 6내에 있었던 사랑은 평생 잊지 못하고 가슴 속에 묻고 살아간다. 결혼을 꿈꾸다 이루어지지 못한 사랑 하나 쯤은 누구나 가슴에 묻고 산다. 그런 사랑을 그리워만 하면 부질없는 사랑으로 끝나지만 글로 끼적거려 쓰기 시작하면 그리움이 되고 시인이 되는 것이다.

과속방지턱을 넘는 버스 안
긴 머리카락을 뒤집어 쓴 여자가
덜컹거릴 적마다 먼지떨이처럼 허공을 턴다
천정에 흔들리는 손잡이들이 안무하듯 장단 맞추고
희미한 불빛에 섞여 쏟아지는 시간들이
그녀의 목덜미를 타고 앉아 까부른다
털어내지 못한 진한 시간의 무게에
내던진 가방처럼 버스 의자에 맡겨있다
쪼개고 나누는 시간 속
쉴 틈도 없는 일일 도우미란 주부
생일을 기억 할 새도 없는 쌓이는 나이의 무게에
꼬부라진 목덜미는 질긴 명줄을 물고 늘어진다
밤비내린 아스팔트는 번들거리고
이따금 승냥이를 잡아먹은 브레이크의 굉음이
솟아오르던 곳을 아무러치도 않게 지나트린다
긴 하루 내내 연화장에 연기가 피어오르는 것도 모르는
아파트의 창들처럼 질긴 모가지에서 내릴 줄 모르는
검게 토막 난 시간은 덕켕이지고
세월이라는 이름으로 또 하루를 접는 건너편에
실금이 보이도록 닳아빠진 타이어를 갈아 끼우듯이
검은 그림자를 끌고 온 사람이
제 시간을 풀어낸 시간 속으로 그림자를 지운다

－「밤차」 전문

이쯤해서 시를 쓰는 방법론에 대하여 이야기해보자. 시 쓰기 방법에는 성찰시, 관찰시, 상상시, 묘사시가 존재한다. 성찰시라 하더라도 성찰만을 강조하지 않고 관찰시라고 해서 관찰된 부분만을 보여주는 것이 아니라 성찰이나 상상 묘사가 함께 공존한다. 그런 시를 우리는 좋은 시라고 말하게 된다. 버스가 달리고 있고, 그 버스 안에 관찰자(시인)가 타고 있다. 시인의 말처럼 "과속방지턱을 넘는 버스 안 / 긴 머리카락을 뒤집어 쓴 여자가 / 덜컹거릴 적마다 먼지떨이처럼 허공을" 털고 있다. 이 시를 분류하자면 관찰시이다. 관찰시는 사물이나 현상을 잘 관찰해내면 된다. 일본의 시인 이또 게이찌는 일찍이 관찰 8단계이론을 제시했으니 "①나무를 본다. ②종류나 모양을 본다. ③어떻게 흔들리고 있는가를 본다. ④잎사귀가 흔들리고 있는 모습을 세밀하게 본다. ⑤나무 속에 승화하고 있는 생명력을 본다. ⑥나무의 모습과 생명력의 상관관계에서 생기는 나무의 사상을 본다. ⑦나무를 흔들고 있는 바람과 그 자체를 본다. ⑧나무를 매체로 하여 나무의 저쪽에 있는 세계를 본다."고 하였다. 그런데 이병석 시인은 시「밤차」에서 이또 게이찌의 8단계 이론을 모두 소화하고 있다. ①버스를 보며, ②흔들리는 밤차를 보며, ③버스에서 어떻게 흔들리는가, ④일일도우미란 여자가 흔들리고 있는 세밀한 모습과, ⑤밤 늦은 버스를 타고 가는 그녀가 흔들려야만 하는 이유, ⑥오늘 그녀의 생일인데도 그녀 자신도 알지 못하는 슬픔과 ⑦ 밤비 내리는 미끄러운 도로 위로 블레이크 굉음을 이따금씩 내며 계속 달리고 있는 버스와 ⑧ "긴 하루 내내 연화장에 연기가 피어오르는 것도 모르는 / 아파트의 창들"의 "검게 토막 난 시간"까지도 읽어내고 있다. 시는 이처럼 받아쓰기를 잘 해야 편안히 읽힌다. 다짜고짜 자신의 주장을 펴거나, 밑도 끝도 없이 엉뚱한 말을 늘어놓으면 독자는 감을 잡기가 어려워 어리둥절하다가 시집을 내려놓고 만다. 그러나 「밤차」에서 읽히

듯 이런 종류의 시들은 현대시의 주류를 이루고 또 현대시가 지향하는 시의 표본이라 해도 좋겠다.

이웃이 되는 것은
먼저 인사하는 것이다

반가운 이웃이 되는 것은
시샘하지 않는 것이다

정다운 이웃이 되는 것은
베풀 줄 아는 것이다

믿음직스런 이웃이 되는 것은
의심하지 않는 것이다

사랑스런 이웃이 되는 것은
흉허물을 들추지 않는 것이다

편안한 이웃으로 사는 것은
말을 옮기지 않는 것이다

섭섭하지 않은 이웃이 되는 것은
바라지 않는 것이다

자랑스런 이웃이 되는 것은
솔선수범 하는 것이다

오래오래 같이 하고 싶은 이웃이 되는 것은
정다운 친구처럼 우러나는 진솔함이 있어야 한다

-「아름다운 이웃의 구계九誡」 전문

아름다운 이웃이란 어떤 이웃일까? 이제 이 시를 읽은 사람은 이웃 간에 어떻게 살아야 할지, 어떻게 지내야 할지 걱정하지 않아도 될 것 같다. "이병석 시인이 말하는 <이웃의 구계>는 ①먼저 인사하는 것. ②시샘하지 않는 것. ③베풀 줄 아는 것. ④의심하지 않는 것. ⑤ 흉허물을 들추지 않는 것. ⑥말을 옮기지 않는 것. ⑦바라지 않는 것. ⑧솔선수범 하는 것. ⑨진솔함이 있는 것"이다. 정말 가슴 훈훈한 말들이다. 한 장 출력해서 출입문에 크게 붙여놓고 드나들며 날마다 읽어도 좋을 것 같은 시다. 가만히 읽어보니 돈 드는 일은 하나도 없다. 그냥 마음만 조금 쓰면 정다운 이웃이 될 것 같아. 그런데 이런 이치가 어찌 이웃에만 적용되는 말이랴. 직장에서, 친구 사이에서, 부부 사이에서, 형제 사이에서 모두 통용되어야만 하는 말인 것 같다. 이병석 시인은 아마도 이같이 행동하며 사시는 분일 것 같다. 그런 사람들과 이웃하며 살고 싶다. 이웃에게 먼저 인사하고, 이웃이 잘됨을 기뻐하며, 이웃에게 따끈한 부침개 한 장 가져다주고 싶다. 이웃이 갑자기 부자가 되거나 우리 집 물건을 도둑맞았다 할지라도 의심하지 않고, "그 집 아이가 공부를 못해 이번에 대학에 떨어졌대." "그 집 여자 왜 그런데? 지질이도 궁상을 떨어요." 그런 흉허물을 들추지 않고, "글쎄 어젯밤에 그 집 부부가 싸움싸움에 난리도 그런 난리가 없었어."하며 이웃에게 옮기지 않고, "그 집 뜰 감나무에 감이 그렇게나 많이 열렸는데 하나도 안 주네." 바라지 않고, 눈이 오면 내가 먼저 쓸고

큰비가 오기 전에 내가 먼저 배수로 정리하고, 내 성실함을 먼저 보여주면 정다운 이웃이 되는 것만은 틀림이 없을 것 같다.

이상에서처럼 이병석 시인의 시 몇 편을 주마간산 격으로 들여다보았다. 그러자니 이병석이란 푸른 산은 잘 보았으되 이병석 산에 자라나는 나무와 풀꽃과 풀벌레와 작은 시내를 자세히 못 봐 아쉬울 것 같다. 그래서 첨언하자니 이병석 시인의 시는 아기자기하다. 마치 뒷동산에 올라가 진달래꽃을 따먹던 그림이 보이기도 하고, 손이 시커멓게 튼 아이들이 골목에서 밤늦도록 딱지치기하는 소리가 들리는 듯하다. 우리들의 지친 어깨를 두들겨주는 시도 보이며, 시린 어깨를 덮어주는 시도 보인다. 그의 언어들은 우리 주변에서 사라져가는 토속어들을 그대로 채택하고 있어서 학술적으로도 큰 의미를 지닌다. 또한 불교적 색채 속에 구도자적 삶도 엿볼 수 있다.

이를테면 "세월에 덕켕이가 하얗게 앉으면"(「그 사람」 중에서)의 '덕켕이'는 때를 말하는 사투리, "달아난 모리배는 아니니"(「친구라는 이름으로」 중에서)의 '모리배'는 온갖 옳지 못한 방법으로 자신의 이득을 취하는 사람, "오늘도 애저녁에 수틀린 밤이다"(「잠벌레」 중에서)의 '애저녁'은 초저녁 또는 '처음부터'라는 뜻, "천년만년 나투시었으니"(「등신불」 중에서)의 '나투다'는 깨달음이나 믿음을 주기 위해 나타나다, "핏기 없는 입초리 앙다물며 한숨을 삼킨다"(「암병동」 중에서)의 '입초리'는 입술, "이편 내깔뚝엔"(「낚시」 중에서)의 '내깔뚝'은 냇가 둑의 사투리 등이 그것인데 작가들의 언어가 자꾸만 외래어화되고 있는 시점에서 이병석 시인의 이런 노력들은 우리말을 지키고 갈고 닦아 쓰는 시의 효능에 중요한 역할이라 할 수 있겠다.

이 시집을 모두 읽어보았을 때 이병석 시인은 불교를 믿는 사람이 분명하다. 따라서 그의 생각들은 불교사상에 기초한다고 해도 좋겠다. 이 시집에는 시인의 그런 시들이 여러 편 실려 있다. 「인연공덕」, 「복 짓는 일」, 「49제」, 「풍경소리」, 「하늘도시」, 「등신불」 등이 그것이다. 올해로 부처님이 이 땅에 오신지 2557년이라 한다. 그런 장구한 세월 동안 다져진 불교에 마음을 두고 있으니 급할 것도 아쉬울 것도 없다. 가르침대로 따르고 믿으며 행동하면 그것이 열반의 길이 아닐까 생각한다. 그의 시 전체에 깔려 있는 색채는 불교적 색채이다. 마치 단풍 터널을 걷는 듯 붉게 물들인 그의 불교적 사상은 시인을 더욱 겸허하고 겸손하게 만드는 것 같다. 시인은 그런 신앙생활을 통해 구도자적 삶을 추구하고 있다. 느린 듯, 없는 듯 비워내고 봉사하는 삶 속에 이병석 시인이 가지는 기쁨은 단풍처럼 고울 것 같다.

끝으로 결혼 40주년을 맞이하여 내시는 이 시집을 통해 두 부부의 사랑이 더욱 돈독해져 백년해로의 본보기가 되었으면 좋겠다.

이병석 시집

달에게로 간 鳶

초판인쇄일 2013년 12월 5일
초판발행일 2013년 12월 9일

지은이 : 이병석
발행인 : 김순진
편집장 : 전하라
디자인 : 김초롱
펴낸곳 : 문학공원
등　록 : 2004년 3월 9일 제6-706호
주　소 : (우편번호 130-814)서울 동대문구 난계로 26길 17호
삼우빌딩 C동 302호 스토리문학사
전　화 : 02-2234-1666
팩　스 : 02-2236-1666
홈페이지 : http://cafedaumnet/yob51
이메일 : 4615562@hanmailnet

※ 책값은 뒤표지에 있습니다.